ICONOGRAPHIE

DES FABLES

DE

LA FONTAINE, LA MOTTE, DORAT, FLORIAN

AVEC UNE ETUDE

SUR L'ICONOGRAPHIE ANTIQUE

PAR

Eugène LÉVÊQUE

Album de 104 *héliogravures de Boussod et Valadon
tirées en sanguine*

PARIS
E. FLAMMARION, LIBRAIRE-EDITEUR
RUE RACINE, 26

ICONOGRAPHIE

DES

FABLES FRANÇAISES

JUSTIFICATION DU TIRAGE

200 EXEMPLAIRES, SAVOIR

20 exemplaires sur papier du Japon des manufactures impériales avec double suite de figures en sanguine et en noir.

30 exemplaires sur papier de Chine avec double suite de figures en sanguine et en noir.

150 exemplaires sur vélin

ICONOGRAPHIE
DES FABLES

DE

LA FONTAINE, LA MOTTE, DORAT, FLORIAN

AVEC UNE ÉTUDE

SUR L'ICONOGRAPHIE ANTIQUE

PAR

Eugène LÉVÈQUE

Album de 104 héliogravures de Boussod et Valadon
imitées en sanguine

PARIS

E. FLAMMARION, LIBRAIRE-EDITEUR

RUE RACINE, 26

M DCCC XCIII

ICONOGRAPHIE ORIENTALE

L'ART CHALDÉEN ET ASSYRIEN

Emblèmes.

Les monuments figurés remontent à l'origine des fables [1]. Les plus anciens sont les emblèmes.

Le Lion et l'Aigle. — Une tablette de pierre, qui est un des plus anciens monuments de la sculpture chaldéenne, représente un Lion marchant de gauche à droite et un Aigle volant au-dessus de lui les ailes déployées [2]. Ce sont deux emblèmes qui représentent la Force et la Légèreté. Ils sont expliqués dans une fable grecque de Babrios [3].

Le Lion rugissant. — Le Lion rugissant était l'image des terribles effets de la colère du Roi [4]. Il figurait

---

1. L'origine des fables est expliquée dans l'Introduction de notre traduction des Fables ésopiques de Babrios. (Belin frères, 1890.)
2. Cette tablette est au Musée du Louvre, dans la vitrine qui renferme les antiquités rapportées par M. de Sarzec.
3. Voir notre traduction de Babrios, p. 154.
4. La colère du Roi, comme dit Salomon,
   Est terrible, surtout celle du roi Lion. (La Fontaine, VIII, 14)

dans la cour du harem du roi Sargon. La porte était, en effet, décorée de chaque côté par une scène symbolique qui représentait, sur des briques émaillées, le Roi marchant en tête, un Lion rugissant, un Aigle (symbole de victoire), un Taureau (symbole de force), un Figuier (symbole de fécondité), une Charrue (symbole de l'agriculture), le Ministre qui ferme la marche du cortège pour surveiller l'ensemble (figure 1). Quatre de ces symboles, *l'Ange* (au lieu du Roi), *le Lion*, *l'Aigle* et *le Bœuf*, ont fourni des images mystiques à la littérature hébraïque dans la vision d'Ezéchiel et dans celle de saint Jean l'Évangéliste [1]. Ils ont ensuite été adoptés par l'art chrétien qui désigne saint Mathieu par l'Ange, saint Marc par le Lion, saint Jean l'Évangéliste par l'Aigle, et saint Luc par le Bœuf [2].

L'emblème du Lion rugissant était fort répandu en Orient, comme on le peut voir au Musée du Louvre, dans la frise en briques émaillées découverte à Suse par M. Dieulafoy. L'étude de ce monument sert à comprendre une fable de Babrios, *l'Image du Lion et le Fils du Roi* [3], qui a servi à La Fontaine pour *l'Horoscope* [4].

Le Héros perçant un Lion de son glaive. — L'art chaldéen et assyrien s'est propagé dans l'Asie Mineure. On cite en ce genre une stèle funéraire qui, à titre d'emblème, ornait un tombeau de Lycie, près

---

1. Fr. Lenormant, *les Origines de l'Histoire*, t I, p 421.
2. Les quatre symboles se voient à Paris sur la tour de Saint-Jacques la Boucherie et sur la façade de l'église de Saint-Augustin.
3. Voir notre traduction de Babrios, p. 217.
4. Babrios dit qu'on avait mis sur les murs du palais, où était renfermé le jeune prince, des images qui représentaient nombre d'animaux de diverses espèces, entre autres un Lion. La Fontaine a supposé que le palais était décoré de tapisseries aussi bien que de peintures, à l'image du château de Vaux. Voir la figure 48.

du monument des Harpyies [1], d'où elle a été transportée au Musée de Londres (figure 2) : elle représente un Lion tué par un Héros qui, de sa main gauche, saisit la crinière du monstre, tandis que, de sa main droite, il lui enfonce dans le flanc un large glaive [2]. C'est un sujet souvent traité sur les coupes phéniciennes d'après l'art assyrien [3], mais le monument que nous citons a cela de particulier qu'il a été décrit dans une fable de Babrios, *l'Homme et le Lion faisant route ensemble* [4], d'où La Fontaine a tiré *le Lion abattu par l'Homme* ; il y a fait représenter par Chauveau un tableau adossé à une muraille où un Homme terrasse un Lion.

Emblème des sources. — On voit sur les sculptures et les cylindres des Chaldéens un vase projetant deux flots qui symbolisent des cours d'eau. Les Grecs et les Romains ont, à leur imitation, figuré les sources des fleuves par des urnes d'où s'échappent des flots [5]. Nous en donnons plus loin un exemple dans la gravure qui illustre une fable de Faerne (figure 21).

Scènes de chasse.

Les rois d'Assyrie aimaient à faire représenter leurs chasses sur des bas-reliefs dont ils ornaient leurs palais. Ils les faisaient même broder sur leurs manteaux. Nous reproduisons plus loin, d'après une sculpture, une de ces broderies (figure 3). On y voit

1. Duruy, *Histoire des Grecs*, t. I, p. 547.
2. L'attitude est toute conventionnelle, comme dans les bas-reliefs du palais de Darius à Persepolis. (Perrot, *Histoire de l'art antique, Perse*, p. 826, fig. 486.)
3. Perrot, *Phénicie*, p. 760, fig. 544.
4. Voir notre traduction de Babrios, p. 274.
5. Heuzey, *Un Palais chaldéen*, p. 81-106.

un roi combattant un lion du haut de son char, puis poursuivant à cheval un cerf [1]. A cette deuxième figure correspond une fable grecque célèbre, dont Aristote attribue l'invention à Stésichore, *le Cheval et le Cerf* [2], et qui a fourni à La Fontaine *le Cheval s'étant voulu venger du Cerf;* notons que la figure de Chauveau qui accompagne cette fable ne diffère de la figure assyrienne que par le costume.

Combats d'animaux.

Les combats d'animaux abondent sur les bas-reliefs qui ornaient les palais assyriens. Le pectoral phénicien que nous donnons plus loin en offre des spécimens. On en voit aussi un exemple sur le quatrième registre de la pyramide de Nimroud (Obélisque de Salmanasar II), dont le moulage en plâtre est au Musée assyrien du Louvre : dans un bois, un Lion saute sur la croupe d'un Cerf, qu'il saisit par deux pattes en même temps qu'il ouvre la gueule pour le dévorer. A ce sujet correspond une fable ésopique, *le Cerf et le Lion*, où Babrios et Phèdre ont remplacé le Lion par des Chasseurs [3], et ont été suivis par La Fontaine dans *le Cerf se voyant dans l'eau*.

---

1. A la suite est représenté l'arbre sacré des Assyriens.
2. Voir notre traduction de Babrios, p. XV.
3. Voir notre traduction de Babrios, p. 80.

L'ART ÉGYPTIEN

Peintures des tombeaux.

Le Maître d'école et l'Élève. — Sur un tombeau de Thèbes, on voit représentée une école égyptienne. Un maître appuyé de la main gauche sur un bâton adresse la parole à un élève sur la tête duquel un aide pose la main droite, tandis que de la main gauche il tient le bâton dont il va le frapper [1].

La même sévérité se retrouve dans la description de toutes les écoles jusqu'à La Fontaine.

Une peinture d'Herculanum représente l'intérieur d'une école, où les garçons et les filles étaient réunis. Un maître frappe un élève sur le dos avec un fouet fait de peau d'anguille [2]. Orbilius, le maître d'Horace, devait en faire un grand usage ; car le poète le qualifie de *plagosus* (frappeur).

Une miniature d'un manuscrit du XIIIe siècle offre le tableau d'une école au Moyen Age. Les enfants sont figurés sous la forme de Singes étudiant en classe, tandis que le maître lève un paquet de verges sur les fesses d'un paresseux [3].

---

1. Le sens de la figure est expliqué par ces paroles d'un scribe : « Le jeune homme a un dos pour être bâtonné ; il écoute quand il est frappé. » (Fr. Lenormant, *Histoire de l'Orient,* t. III, p. 41.)

2. Rich, *Dictionnaire des antiquités*, art. *Ludus.*

3. Champfleury, *la Caricature au Moyen Age*, p. 204.

, A l'époque de la Renaissance, Hans Holbein, illustrant *l'Éloge de la Folie* d'Érasme [1], a dessiné un maître d'école déchirant un de ses élèves à coups de verges.

Enfin La Fontaine, dans *l'Enfant et le Maître d'école*, s'est borné à une remontrance hors de saison ; mais Chauveau, dans la figure qu'il a faite pour la fable, a représenté le Maître d'école portant sur l'épaule gauche un paquet de lanières.

Le Chat et le Rat. — Une autre peinture de tombeau représente un Chat guettant un Rat [2]. La caricature de ce sujet est donnée par une pierre gravée où un Chat fait danser une Souris au son d'une flûte à double tuyau [3]. Aux images de ce genre correspond le proverbe : « Il se joue de lui comme le Chat de la Souris. » La Fontaine a composé sur ce sujet le prologue de la jolie fable *le vieux Chat et la jeune Souris*.

Papyrus satiriques.

Le Combat des Chats et des Rats. — Les scribes égyptiens ont laissé des dessins au calame appelés papyrus satiriques, parce qu'ils parodient des sculptures ou des peintures qui ont un caractère historique. Un de ces dessins représente un combat de Chats et de Rats [4], qui est la parodie des combats livrés par Ramsès III aux Khétas en Syrie et figurés sur les bas-reliefs du temple de Medinet-Abou [5] ; les Rats représentent les Égyptiens et les Chats les Asiatiques

---

1. Érasme, *Éloge de la Folie*, traduction de Develay, p. 148
2. Wilkinson, *The Manners and Customs of the ancient Egyptians*, t. II, p 90
3. Champfleury, *la Caricature antique*, p. 78.
4. Prise d'Avennes, *Histoire de l'art égyptien*, t. II de l'atlas.
5. Fr. Lenormant, *Histoire de l'Orient*, t. II, p. 319.

(figure 4). Le Pharaon est monté sur un char traîné par deux lévriers au galop ; des Chats, courant après lui, remplissent le rôle des lions que les Pharaons emmenaient avec eux à la guerre ; deux Rats lancent des flèches contre un Chat qui tire de l'arc ; deux autres Rats s'avancent en se couvrant de leurs boucliers ; un Rat gravit une échelle pour monter sur la plate-forme d'une forteresse où se tiennent des Chats qui n'ont d'autres armes que leurs griffes.

A ce dessin correspondent les fables de Babrios[1] et de Phèdre qui sont intitulées *le Combat des Rats et des Belettes ;* le second nous apprend que ce combat était peint sur les murs des tavernes. La Fontaine a tiré de là une fable également intitulée *le Combat des Rats et des Belettes,* et Chauveau a composé là-dessus une figure analogue à la caricature égyptienne.

L'Ane jouant de la harpe. — La figure de l'Ane jouant de la harpe a acquis une célébrité proverbiale (figure 4). Les Latins disaient, pour désigner un ignorant qui voulait se mêler de choses savantes, *Asinus ad lyram* (l'Ane devant la lyre). Érasme cite ce proverbe dans *l'Éloge de la Folie ;* et Holbein, pour l'illustrer, a dessiné un Ane qui brait devant un homme qui touche de la harpe. La Fontaine y fait allusion dans *le Lion, le Singe et les deux Anes.*

N. B. Un fait remarquable, c'est que l'art japonais a des caricatures analogues aux papyrus satiriques des scribes égyptiens. Les dessinateurs japonais, qui ont un talent remarquable pour saisir les traits et les attitudes caractéristiques des individus, ridiculisent par

---

1. Voir notre traduction de Babrios, p. 66.

leur pinceau non seulement les bonzes méprisés, mais encore les puissants qu'ils n'attaquent pas toujours impunément[1] : ils les représentent sous des figures de renards, de singes ou de sangliers ; ils aiment d'ailleurs à prêter les formes animales à toutes sortes de gens pour égayer à leurs dépens ; par exemple, pour se moquer de la rapacité des marchands de riz, ils en font des Rats qu'ils costument en hommes[2].

1. Les caricatures politiques de Kiosai lui ont fait passer une partie de sa vie en prison. Voir Louis Gonse, *l'Art japonais,* p. 108 (Quantin).
2. Voir *la Géographie* de Reclus, p. 835, dessin d'après un album japonais.

L'ART PHÉNICIEN

Les Phéniciens n'ont point laissé de monuments littéraires ; mais ils ont joué un rôle important dans l'antiquité par leur commerce et leur industrie. Ils ont répandu sur les côtes de la Méditerranée les produits de l'art égyptien et de l'art chaldéo-assyrien. En outre, pour augmenter les bénéfices de leur trafic, ils les ont imités ; mais, contre toutes les règles du goût, ils ont mélangé les formes que leur offraient des modèles d'origines diverses, et ils ont ainsi créé un style bâtard où l'on reconnaît qu'ils étaient plus marchands qu'artistes. Quoi qu'il en soit, ils ont fait connaître aux Grecs les monuments figurés de l'Orient à l'aide de bijoux, de coupes et de broderies.

Bijouterie.

Pectoral de bronze doré. — Le Musée du Louvre possède un pectoral de bronze doré, de forme triangulaire, dont le bord est percé de trous très fins ayant servi à le fixer sur un vêtement (figure 5). La frise qui occupe le tiers de la hauteur contient deux scènes : 1° un Léopard saisit une Antilope à la gorge et l'étrangle ; 2° un Lion, étreignant entre sa patte droite et son cou un Taureau qui lève la tête en poussant un cri de douleur, lui brise l'épine dorsale. Entre les jambes du Taureau se glisse une Lionne qui, ouvrant la gueule, réclame sa part de la proie.

Au-dessous des deux scènes qui occupent la frise, à la place d'honneur, est figuré le combat d'un Lion et d'un Griffon. Le Lion s'avance la gueule béante, tandis que le Griffon lui déchire le dos : la cause de la lutte est une Antilope étendue devant eux. A ce combat correspond une fable grecque, *le Lion et l'Ours*, où les deux animaux se disputent une proie qu'un Renard leur ravit quand ils sont épuisés. La Fontaine en a tiré par des intermédiaires *les Voleurs et l'Ane*.

Orfèvrerie.

Coupe de Palestrina[1]. — Le fond de la coupe en argent doré (figure 6) est occupé par un médaillon central, *le Chien fidèle*; il est entouré par une série de scènes dont l'ensemble forme une seule aventure, *le Chasseur et le Singe*.

I. La surface du médaillon qui représente *le Chien fidèle* est divisée en deux parties inégales par un trait indiquant le sol, sur lequel s'appuient les pieds des trois personnages humains. C'est d'abord à gauche un homme barbu et aux longs cheveux; il est nu, ses deux bras sont rejetés en arrière, et pendent, attachés à la partie supérieure d'un poteau qui plie sous le poids. Devant lui, et lui tournant le dos, un second personnage, le pied gauche en avant, marche vers la droite à grandes enjambées. Il tend en avant son bras gauche infléchi, tandis que de la main droite, élevée au-dessus de sa tête, il tient de haut en bas un long

---

1. Clermont-Ganneau, *l'Imagerie phénicienne*; Perrot, *Phénicie et Cypre*, p. 759. fig. 543.

bâton. Un troisième personnage est debout devant lui ; il fait le même mouvement, mais il s'appuie davantage sur la jambe gauche et traîne fortement la droite. Cette attitude s'explique par l'intervention d'un chien qui a happé entre ses crocs aigus le talon droit du troisième personnage. Le dénouement de l'aventure est figuré dans la scène qui occupe le compartiment inférieur. Le troisième personnage est étendu à terre, nu et couché sur le ventre ; le chien lui mord le talon gauche.

Le costume des personnages indique que l'aventure se passe en Égypte. Un malfaiteur a été attaché à un poteau pour servir d'exemple, et un garde a été chargé de veiller à ce qu'on ne vînt pas enlever le corps. Il s'est éloigné un peu, et, dans l'intervalle, un complice s'est approché du corps pour le détacher. Mais le chien du garde veillait en son absence ; il s'est jeté sur le voleur, et lui a mordu le talon droit. La lutte a donné au garde le temps d'arriver, et, levant son bâton, il se met à fustiger le voleur. Celui-ci, accablé de coups, tombe à terre, et le chien achève sa punition en lui mordant le talon gauche.

II. Dans la zone excentrique, qui représente *le Chasseur et le Singe*, le point de départ est une forteresse. 1. Un personnage en sort, monté sur un char qui est conduit par un cocher, et au flanc duquel est attaché un carquois ; il a un parasol au-dessus de sa tête. 2. Ayant aperçu un cerf, il est descendu de son char et s'est embusqué derrière un arbre ; il décoche une flèche à l'animal. 3. L'arc à la main, il s'élance à la poursuite de la bête qu'il a touchée. 4. Dans un bois où figurent des palmiers avec d'autres arbres, le cocher donne à manger aux chevaux qu'il a dételés du char. Pendant ce temps, le chasseur dépèce le cerf. 5. Assis sur un siège portatif que couvre le parasol, il offre un sacrifice aux Dieux représentés par la lune et par le disque solaire aux ailes éployées, tandis qu'un gros singe l'épie, caché dans une caverne au pied d'une montagne, sur laquelle broutent un cerf et un lièvre. 6. Le singe, étant sorti de sa caverne, lance une énorme pierre, dans l'intention de tuer le chasseur ; mais son coup porte dans le vide, parce qu'une déesse (Tanit) a enlevé dans les airs le chasseur et le cocher avec le char et les chevaux. 7. Le char, ayant été reposé à terre, a été lancé à la poursuite du singe ; le chasseur décoche un trait contre le singe, et les chevaux le foulent aux pieds. 8. Le chasseur est descendu de son char : d'un coup de massue, il achève l'animal. 9. Étant remonté dans son char, il rentre dans la forteresse.

ICONOGRAPHIE

GRECQUE ET ROMAINE

Vases peints.

Cortège nuptial. — Les vases peints, en dehors des images mythologiques, offrent aussi des scènes de la vie civile qui, sans se rapporter directement à des fables, aident à les comprendre. Tel est le cortège nuptial représenté sur une amphore athénienne (figure 7). La marche s'ouvre par une femme qui tient une torche de chaque main. Ensuite vient un homme couronné de myrthe jouant de la double flûte. Une jeune fille, vêtue d'un péplos à large bordure, tient à deux mains une amphore semblable à celle où est figuré le sujet décrit. La fiancée, étroitement drapée dans un manteau, s'avance la tête inclinée; une couronne de myrte est figurée dans le champ au-dessus d'elle; un Amour ailé vole au-devant d'elle et lui tend les mains. Derrière la fiancée marche une femme drapée dans un manteau à riche bordure et portant un long flambeau. Le cortège est fermé par une femme qui tient la main droite élevée.

Cette figure peut servir à expliquer une fable de Phèdre, *l'Amant riche et l'Amant pauvre* [1].

Le Renard et le Corbeau. — Une plaque d'argile décorée de peintures, qui a été trouvée à Corinthe, représente fidèlement une fable ésopique, *le Renard et le Corbeau* [2]. La composition est la même que celle des vignettes qui illustrent la fable de La Fontaine.

Lampes en terre cuite.

Prométhée façonnant l'homme. — Sur le médaillon d'une lampe romaine en terre cuite Prométhée modèle l'homme en argile à la façon d'un sculpteur ; Minerve assiste à son travail comme déesse des arts et de l'intelligence (figure 8). Il est fait allusion à une scène de ce genre dans une fable de Babrios, *la Besace* [3] ; mais, en l'imitant, Phèdre a remplacé Prométhée par Jupiter et a été suivi par La Fontaine, comme le montre la vignette de Chauveau (figure 30).

Fresques.

Le Chêne et l'Hamadryade. — Une fresque d'Herculanum représente un Chêne qui étend librement ses rameaux autour de lui ; de son pied s'élève une Hamadryade qui d'une main présente une cognée (figure 9). Cette figure résout très heureusement une difficulté devant laquelle ont échoué les dessinateurs modernes dans *la Forêt et le Bûcheron* (La Fontaine, XII, 16), celle de mettre en rapport l'Homme et la Forêt : le Chêne résume l'idée confuse de la Forêt en un type

---

1. Voir notre traduction de Babrios, p. 470
2. Duruy, *Histoire des Grecs*, t. II, p. 309.
3. Voir notre traduction de Babrios, p. 109.

parfaitement déterminé, et l'Hamadryade personnifie le Chêne dont elle est le génie d'après la mythologie antique ; de cette manière, on comprend comment l'Arbre peut entendre et exaucer la prière du Bûcheron.

L'Anier, l'Ane, le Crocodile. — Une fresque d'Herculanum représente un Crocodile faisant le guet pour happer un Ane qu'un Anier retient par la queue (figure 9). L'action se passe dans un paysage égyptien, où l'on remarque à première vue un petit temple flanqué de deux socles qui soutiennent des crocodiles. Les deux pilastres supportent un fronton arrondi, avec un buste au milieu et un serpent d'airain sur le faîte. Plus loin, une niche avec une idole égyptienne. Plus loin encore un autre édifice, sur la corniche duquel est accroupi l'aboyeur Anubis. Un Ane, portant des bouteilles de verre qui laissent voir une liqueur rouge, s'avance vers la rive du Nil pour boire, et va se jeter dans la gueule d'un Crocodile qui le guette. Un Anier s'efforce de retenir l'imprudent animal en le tirant par la queue. — Le peintre a donné une forme égyptienne à une fable grecque citée par Horace (*Epîtres*, I, xx, 14-16).

Le Crocodile et les deux Enfants. — Un Crocodile joue encore un rôle dans une fresque qui représente un paysage égyptien composé pour le plaisir des yeux. Le Crocodile saisit un enfant, tandis qu'un autre enfant s'enfuit épouvanté (figure 10). A cette scène correspond une fable de Florian, *le Crocodile et les deux Enfants*.

Mercure donnant à Cérès une bourse d'or. — On voit, sur une autre fresque de Pompéi (figure 11) Mercure, un caducée à la main comme dieu du commerce, donnant une bourse d'or à Cérès qui est assise sur un siège rustique, la tête couronnée d'épis, un sceptre dans la main droite. Cette figure illustre heureusement la maxime qui sert de moralité à une fable ésopique [1] imitée par La Fontaine dans *le Laboureur et ses Enfants* [2].

Mosaïques.

Le Lion et les Taureaux. — La scène est figurée sur une mosaïque qui provient de la villa d'Adrien (figure 12) : le Lion attaque un Taureau par le flanc en posant une patte sur sa croupe et en saisissant une de ses jambes avec l'autre patte, tandis que l'autre Taureau accourt inutilement au secours de son compagnon. — La moralité à tirer de ce tableau est expliquée dans une fable de Babrios qui enseigne que la division est une cause de faiblesse [3].

Un combat de Coqs. — Les Grecs aimaient beaucoup les combats de Coqs. Ils en ont souvent représenté de vives images au nombre desquelles on distingue une mosaïque de Pompéi (figure 13). Derrière deux Coqs [4], l'un qui se dresse, les ailes encore frémissantes, tandis que l'autre saigne, les plumes en désordre et la tête baissée, sont debout deux jeunes gens et deux enfants, dont l'attitude correspond à la leur ; pendant que les vaincus s'affligent, le maître du

---

1. Voir notre traduction de Babrios, p. 334.
2.   Mais le père fut sage
         De leur montrer avant sa mort
         Que *le travail est un trésor*.
3. Voir notre traduction de Babrios, p. 82.
4. Daremberg et Saglio, *Dictionnaire des antiquités grecques et romaines*, art. *Alectryonum agones*. Gérôme a peint sur ce sujet un gracieux tableau qui est au Musée du Luxembourg et qui a été gravé par Goupil.

Coq victorieux tient de la main gauche le sac où il l'a enfermé avant la lutte et lui tend une couronne ; en même temps, l'enfant lui présente une palme.

Un combat de Coqs est aussi le sujet d'une fable de Babrios imitée par La Fontaine dans *les deux Coqs*[1].

Bronzes.

Ulysse, Elpenor, Circé. — Un miroir étrusque représente une scène de l'*Odyssée* (figure 14) : Ulysse (en caractères étrusques, *Uthste*), aidé d'Elpenor (*Felparum*) force la magicienne Circé (*Cerca*) à rendre la figure humaine à ses compagnons qu'elle avait changés en pourceaux ; un d'eux a encore une jambe d'homme. La Fontaine, dans *les Compagnons d'Ulysse*, a donné à ce récit un tour satirique d'après Plutarque et Gelli[2].

Pierres gravées.

Le Lion amoureux. — Un camée antique représente un Lion qui porte un Amour tenant une lyre (figure 15). C'est une allusion à la fable grecque que La Fontaine a mise en vers, *le Lion amoureux*[3].

Monnaies.

La Poule aux œufs d'or. — On connaît la fable de La Fontaine *la Poule aux œufs d'or*, qui est une imitation de Babrios[4]. Les commentateurs n'ont pas dit ce qu'étaient les œufs d'or. L'étude des monnaies

---

1. Voir notre traduction de Babrios, p. 35.
2. Voir la vignette d'Eisen, figure 98.
3. Voir notre traduction de Babrios, p. 152.
4. Voir notre traduction de Babrios, p. 193.

antiques apprend que c'étaient les pièces d'électrum (alliage d'or et d'argent) frappées par les rois de Lydie. Les plus anciennes sont attribuées à Gygès. Au droit, la surface est striée sans aucune empreinte de coin monétaire. Au revers, il y a un carré creux résultant de l'empreinte de trois poinçons, dont un rectangulaire allongé entre deux autres de forme carrée. On y distingue en relief un Renard courant, animal consacré à Bassareus (Bacchus), un grand dieu du pays. Les pièces attribuées à Sadyatte, à Alyatte, à Crœsos, ont une forme analogue [1].

Les pièces sont mentionnées dans l'histoire d'Alexandre du faux Callisthène.

« Alexandre dit aux envoyés de Darios : « Pourquoi êtes-vous venus ici ? — Nous sommes venus, répondirent-ils, pour réclamer à ton père le tribut habituel. — Quel est ce tribut ? — Cent *œufs d'or*, faits avec vingt livres d'or. »

[1]. Voir Duruy, *Histoire des Grecs*, t I.

ICONOGRAPHIE

DES FABLES DU MOYEN AGE

Les miniatures.

C'est au Moyen Age qu'on a imaginé d'appliquer systématiquement à des recueils de fables l'art d'illustrer les livres qui a été inventé par les anciens[1]. Le principal monument de ce genre est l'*Ysopet*[2] dont Robert a fait reproduire par la gravure les 85 miniatures. Nous donnons comme spécimen *la Souris de bonne ville et celle de Vilaige* (figure 16) : à gauche, les deux Souris conversent sous un arbre et prennent la résolution de se rendre à la ville; à droite, elles festinent sur une table dans un cellier, et leur repas est interrompu par l'arrivée du sommelier qui ouvre la porte[3].

---

1. Lecoy de la Marche, *les Manuscrits et la Miniature*, p. 128.
2. Cet *Ysopet* fut presenté vers 1340 a Jeanne de Bourgogne, femme du roi de France Philippe de Valois. Il est en vers français de huit syllabes. (Robert, *Fables de La Fontaine*, t I, p. xl.)
3. La Fontaine, *le Rat de ville et le Rat des champs*.

On peut rapprocher de l'*Ysopet* le Bestiaire publié par le P. Cahier et le P. Martin. La miniature la plus intéressante est *le Renard faisant le mort* [1] : un Renard est étendu à terre ; un Coq vient le becqueter. L'idée de cette ruse est empruntée à l'antiquité [2]. Elle a été souvent représentée, notamment dans un bas-relief de l'église Saint-Fiacre au Faouet (Morbihan) où l'on voit un Coq et quatre Poules becqueter un Renard étendu sur le dos [3]. Enfin Fénelon en a tiré une fable que La Fontaine a mise en vers dans *le Renard et les Poulets d'Inde* [4].

Monuments figurés.

Les manuscrits ornés de miniatures ne servaient qu'à des abbés ou à des princes. Pour le peuple, d'humbles artistes nommés *imagiers* sculptèrent des fabliaux et des moralités sur les bas-reliefs des églises, sur les chapiteaux des colonnes, sur les stalles du chœur, comme *les Rats rongeant le globe*.

Sur une miséricorde de l'ancienne église de Saint-

---

1. *Mélanges d'Archéologie*, t. II, pl. XXI.

2. « Quand le Renard aperçoit une troupe nombreuse d'oiseaux, il se couche sur le côté, les jambes étendues, ferme les yeux et rapproche ses lèvres. En le regardant, on dirait qu'il est plongé dans un profond sommeil ou même qu'il est mort. Car il gît à terre en retenant sa respiration, ce qui ne l'empêche pas de concerter des ruses. Les oiseaux, le voyant en cet état, viennent à lui en foule, et grattent son poil de leurs pattes, comme pour insulter à son sort. Dès qu'ils sont arrivés à la portée de ses dents, le Renard, démasquant son stratagème, les saisit aussitôt et entraîne dans sa gueule une proie abondante, autant qu'il en peut prendre d'un coup. » (Oppien, *la Pêche*, II.)

3. Champfleury, *la Caricature au Moyen Age*, p. 48.

4. Fenelon a pris pour personnage un Renard et des Poulets d'Inde, parce qu'à Salignac, où il naquit, les stalles de l'église représentent des Renards encapuchonnés prêchant des Dindons. (Champfleury, *la Caricature au Moyen Age*, p. 153.)

Spire de Corbeil[1], quatre Rats grignotent un globe surmonté d'une croix ; d'autres Rats, dont on n'aperçoit que les têtes, se sont introduits dans le globe et en ont fait leur retraite (figure 17). Ces Rats représentent les vices qui rongent le monde et finissent par le détruire. Il est probable que le sens mystique du symbole s'étant perdu, le globe est devenu pour les plaisants un fromage dévoré par des Rats, et que cette image a suggéré à La Fontaine *le Rat qui s'est retiré du monde.*

Le monument figuré le plus important du moyen-âge est la grande et belle mosaique de style byzantin que Renan a découverte à Sour (Tyr) et rapportée en France. « Elle mérite tous les suffrages par la beauté de son dessin, la merveilleuse richesse de ses couleurs, la délicatesse de son plan et les charmants détails qu'elle renferme[2]. Elle offre, comme l'église elle-même à laquelle elle servait de pavement, trois travées (longueur, 14^m,32 ; largeur, 10^m,42). Celle du milieu, un peu plus courte que les deux autres, contient un riche enroulement de trente et un médaillons divisés et reliés entre eux par des rinceaux ornés de feuillages et de fleurs qui s'échappent de vases situés aux quatre coins. Ces médaillons représentent des combats d'animaux et des scènes rustiques. Les deux travées latérales se composent de soixante-quatorze médaillons représentant les douze mois, les quatre saisons, les quatre vents et une série d'animaux et de fruits. Les espaces entre les piliers sont occupés par huit cadres représentant des animaux qui se

---

[1]. La même représentation se retrouve dans d'autres églises. (Champfleury, *la Caricature au Moyen Age*, p. 250.)
[2]. Renan, *Mission en Phénicie*, p. 608.

poursuivent l'un l'autre. Les autres parties vides sont remplies par des fleurons ou par des coupes. Les trois médaillons placés à la partie supérieure de la travée du milieu forment une seule scène[1] : une paysanne tient de la main gauche une coupe pleine de grains, et de la main droite en jette une poignée aux poules et aux poulets de la basse-cour ; derrière elle un Renard emporte un Coq qu'il a jeté sur son dos. Cette scène correspond au début du *Roman de Renart*, où le Goupil s'empare de *Chantecler*, mais le laisse échapper[2]. La Fontaine a composé sur ce sujet *le Coq et le Renard*.

N. B. Il y a au Musée du Louvre (galerie d'Apollon, n° 443) un monument figuré qui est très curieux quoiqu'il ne corresponde pas à une fable proprement dite. C'est un émail peint de Pierre Reymond qui représente *le Lai d'Aristote*[3] : le philosophe courbé à terre promène à quatre pattes une courtisane sur son dos.

---

1. Voir la figure dans l'*Art Byzantin* de Bayet, p. 31.
2. Paulin Paris, *Les aventures de maître Renart et d'Ysengrin son compere*, p. 12. Comment Renart entra dans la ferme de Constant Desnois, comment il emporta Chantecler et comment il ne le mangea pas.
3. Legrand d'Aussy, *Fabliaux et Contes*, t. I, p. 273. Ce fabliau dérive d'un conte indien, *le Roi, le Ministre et leurs Femmes* (*Pantchatantra*, IV, 7).

ICONOGRAPHIE

DES FABLES DE LA RENAISSANCE

A l'époque de la Renaissance, l'invention de la gravure fit autant pour les arts du dessin que l'invention de l'imprimerie pour les lettres et les sciences. Aux rares miniatures qui ornaient quelques manuscrits précieux renfermés dans les trésors des princes et des abbés, elle substitua des figures dont la reproduction pouvait être assez multipliée pour qu'il fût possible à des étudiants et à des bourgeois d'acheter des livres illustrés. Les recueils de fables durent à leur popularité de se placer au premier rang. Ils n'eurent d'abord que de simples vignettes sur bois taillées par d'humbles imagiers [1] ; puis de véritables artistes exécutèrent des suites de gravures d'un grand format pour orner des livres dont le texte était composé par d'habiles typographes.

---

1. On continua longtemps de faire des vignettes sur bois pour les ouvrages destinés à l'instruction de la jeunesse. Au premier rang se place la *Mythologia aesopica* de Nevelet (1610), dont les vignettes furent exécutées par Virgile Solis.

LES EMBLÈMES D'ALCIAT

Alciat, jurisconsulte italien, a composé un recueil de cent douze emblèmes qui a eu un grand succès au seizième siècle [1]. Ce sont des figures sur bois accompagnées d'épigrammes latines en vers élégiaques, comme *Arion, le Pot de terre et le Pot de bronze, le Rat et l'Huître, l'Ane portant une idole* (sujets traités par La Fontaine), *l'Aveugle et le Boiteux* (qui a fourni à Florian *l'Aveugle et le Paralytique*).

Nous donnons pour exemple l'emblème d'*Arion* (figure 18), que La Fontaine mentionne dans *le Singe et le Dauphin*.

Au premier plan, la gravure sur bois représente Arion précipité dans la mer par un matelot; un dauphin s'avance pour recueillir Arion et sa lyre. Au second plan, Arion joue de la lyre monté sur le dauphin [2].

[1]. Georges Duplessis, *les Emblèmes d'Alciat*, 1884.
[2]. Christianus Wechelus, *Andreae Alciati Emblematum libellus*, 1534 (Bibliothèque nationale, Z, 1496.)

LES FABLES DE CORROZET [1]

Parmi les fabulistes qui ont précédé La Fontaine, le premier rang appartient à Gilles Corrozet qui, en 1542, publia cent fables, dont les sujets sont empruntés à l'Ésope latin de la Renaissance [2], sous ce titre : *Les Fables du très ancien Esope mises en rithme françoise* [3]. Il dédia son recueil au dauphin, fils de François Ier, comme La Fontaine, à son imitation, dédia ses Fables au dauphin, fils de Louis XIV.

La disposition de ces fables est remarquable ; chacune d'elles est imprimée sur deux pages. Sur la page de gauche se trouve un élégant encadrement, qui est formé de deux colonnes placées sur un soubassement et surmontées d'un fronton ; au milieu de cet encadrement, on voit une vignette sur bois (hauteur, 30 millimètres ; largeur, 50 millimètres), qui représente le sujet de la fable surmonté d'une devise et suivi d'un quatrain. Le titre de la fable, le récit et la moralité occupent la page de droite, disposition imitée dans les fables de Faërne et de Verdizotti [4].

---

1. Gilles Corrozet, imprimeur, libraire, poète, a publié plusieurs livres érudits dont le plus remarquable est *la Fleur des Antiquités de Paris*, ouvrage réimprimé par le bibliophile Jacob. Il a composé un conte, *le Rossignol* (Crapelet, *Poètes français*, t. III, p 393), qui est remarquable par l'élégance du style et l'élévation des idées.

2. Voir notre traduction des *Fables ésopiques de Babrios*, p. 15-17.

3. Bibliothèque nationale, Y, 6543.

4 Corrozet a eu pour imitateur Guillaume Haudent qui, en 1547,

On peut s'en former une idée exacte par la réduction que nous donnons de *les deux Amis et l'Ourse* (figure 19).

La vignette sur bois, exécutée avec beaucoup d'élégance et de finesse, représente deux Voyageurs et une Ourse : un des voyageurs a grimpé sur un arbre ; l'autre est étendu à terre et couché sur le nez ; il fait le mort pour être épargné par l'Ourse qui lui flaire la tête. La vignette est surmontée de la devise et suivie du quatrain qui formule la moralité de la fable. L'encadrement est remarquable ; le fronton contient une sentence latine : *Amor Dei omnia vincit* (l'Amour de Dieu l'emporte sur toutes choses) ; le soubassement offre une autre sentence : *Amor sicut flos transiet* (l'Amour passera comme une fleur) ; dans un jardin entouré d'une élégante balustrade, un homme fait la cour à une femme ; une guitare est posée à terre.

En outre, à l'exemple d'Alciat, Corrozet a composé, en 1543, *Hécatongraphie, c'est-à-dire description de cent figures et histoires, contenant plusieurs apophthegmes, proverbes, sentences et dictz tant des anciens que des modernes.* (Bibliothèque nationale, Z, 1779.) — La disposition typographique est la même que celle des fables. Chauveau s'est servi des emblèmes *Contre celui qui est la cause de son mal* (La Fontaine, *l'Oiseau blessé d'une flèche*), et *Contre les Astrologues* (La Fontaine, *l'Astrologue qui se laisse tomber dans un puits*), etc.

fit paraître a Rouen un recueil de 366 apologues où il avait mis en vers tout l'Esope latin de la Renaissance avec le premier *Hécatomythium* d'Abstemius ; chaque fable est illustrée d'une petite vignette sur bois. (Bibliothèque de l'Arsenal, Belles-Lettres, 1277.)

LES DESSINS DE JEAN COUSIN

Un gentilhomme, nommé Imbert d'Anlezy, avait chargé Jean Cousin d'illustrer un recueil de sentences sur la Fortune. Celui-ci composa sur le texte deux cents dessins à la plume destinés à être gravés. Restés longtemps inédits, ils ont été publiés en 1883 par M. Ludovic Lalanne. Les sujets les plus remarquables sont : *Nul n'est content de son sort, Image d'une Fortune douteuse*[1], *la Fortune favorise les Indignes*[2], *la Fortune changeante*[3], *la Fortune est de verre*[4], *la Fortune heureuse*[5], *la Fortune aveugle*[6].

Nous donnons comme modèle le dessin intitulé *Nul n'est content de son sort* (figure 20). Jean Cousin, pour traduire aux yeux cette pensée d'Horace

---

1. Damoclès, une couronne royale sur la tête, est assis à une table somptueuse, il voit un échanson lui verser du vin dans une coupe précieuse, et entend des joueurs de flûte former un concert, mais une épée est suspendue sur sa tête à un crin de cheval.

2. La Fortune présente une fleur à un Bossu, à un Boiteux, à un Aveugle.

3. La Fortune tient à la main un Caméléon, comme emblème de variabilité.

4. La Fortune est peinte sur un vitrail.

5. Un seigneur donne à un homme un sac d'ecus, comme le Financier en donne un au Savetier dans la Fable de La Fontaine.

6. La Fortune, les yeux bandés, conduit Plutus, qui a également les yeux bandés.

(*Satires*, I, 1)¹, l'a transformée en une image, *Chacun porte son sort sur ses épaules* : un Chevalier, armé de pied en cap, porte sur son épaule une Fortune qui tient un glaive ; un Marchand, une Fortune qui tient une corne d'abondance ; un Laboureur, une Fortune qui tient une roue de charrue.

1. La Fontaine dit d'après Horace (XII, 9) :
>D'où vient que personne en la vie
>N'est satisfait de son état ?
>Tel voudrait bien être soldat,
>A qui le soldat porte envie

LES FABLES DE FAERNE

Pour remplacer *l'Æsopus* en vers élégiaques dont la Scolastique avait abusé, Faerne (Gabriele Faerno), à la demande du pape Pie IV, mit en vers latins de mètres variés des fables de Babrios d'après les paraphrases qu'il avait trouvées dans les manuscrits des apologues ésopiques[1]. Par suite de sa mort prématurée, ses cent fables ne furent publiées à Rome qu'en 1564 par ordre du pape Pie IV, dans une édition remarquable par les gravures comme par la composition typographique (petit in-f°)[2].

Chaque fable occupe une page entière, à droite. En regard d'elle, à gauche, est placée la gravure qui lui correspond. Les dessins ne sont pas signés ; on les attribue au Titien. Ils ont été gravés sur cuivre d'une manière large qui est digne de l'école de Marc Raimondi.

Nous reproduisons comme spécimen la fable première, *le Pot de bronze et le Pot de terre* (figure 21), dont la composition est magnifique : au fond, une vue des remparts et des édifices les plus célèbres de

---

1. Voir notre traduction de Babrios, p. 11.
2. Bibliothèque nationale, Y, 6586.

Rome moderne; au premier plan, la source du Tibre figurée à l'antique par un vieillard majestueux tenant une urne, dont sort le cours d'eau sur lequel nagent les deux Pots.

Faerne a été imité par La Fontaine dans *le Conseil tenu par les Rats, le Cygne et le Cuisinier, la Femme noyée, le Chat et le vieux Rat, le Loup, la Mère et l'Enfant, l'Oracle et l'Impie, l'Avare qui a perdu son trésor, l'Alouette et ses Petits avec le Maître du champ, le Cheval et l'Ane.*

LES FIGURES DE VERDIZOTTI

Verdizotti a composé un recueil de cent fables en vers italiens (In Venetia, 1570, petit in-f°)[1]. Ayant été secrétaire du Titien, il en avait reçu des leçons. Il a montré son talent dans son recueil en ornant chaque fable d'une figure qu'il a gravée lui-même sur bois.

Il a fourni à La Fontaine trois sujets avec les figures qui ont servi à Chauveau, *l'Aigle et le Hibou; le Cochet, le Chat et le Souriceau; le Loup et les Brebis*. Nous donnons la gravure de la dernière fable avec la traduction du texte italien[2].

Le recueil de Verdizotti est précédé d'un prologue dans lequel l'éditeur a fait mettre en vers italiens la fable *le Père, le Fils et l'Ane*, fable dont le sujet est

---

1. Bibliotheque nationale, Y, 6614.
2. Un Loup s'affubla de la defroque d'un berger pour tromper les innocentes Brebis par un deguisement, en cachant sa peau trop bien connue. Un bâton a la main, une gourde au dos, une musette au côté, il se dirigea vers le troupeau voisin, espérant le conduire dans un bercail qu'il avait prepare dans une caverne obscure, et se menager ainsi de quoi faire bombance pendant une année, sans aucune fatigue. Mais quand le brigand fut arrive au milieu du troupeau, qui ne le craignait pas, le prenant pour le Berger d'apres son vêtement, il essaya de parler pour diriger les Brebis vers le chemin qu'il voulait, alors il fit entendre un hurlement si horrible que toutes les Brebis s'arrêtèrent epouvantées, et que, regardant en arriere dès qu'elles entendirent ce cri trop connu, elles se mirent a fuir en toute hâte vers leur bergerie. Le Loup demeura ainsi seul avec son désespoir.

emprunté à Faerne, mais dont les incidents sont disposés dans un ordre tout différent qui a servi à La Fontaine pour *le Meunier, son Fils et l'Ane*. La figure de Verdizotti est ingénieusement composée pour donner le tableau des cinq incidents :

1º Le Père et le Fils portent l'Ane; un troisième personnage leur adresse la parole;

2º Le Père et le Fils sont montés sur l'Ane et s'avancent dans une route en zigzags; ils rencontrent un homme et une femme;

3º Le Fils est descendu de l'Ane, tandis que le Père est resté dessus; deux passants les interpellent;

4º Le Père est descendu de l'Ane, tandis que le Fils est remonté sur la bête; ils rencontrent deux autres passants;

5º Le Père et le Fils font marcher l'Ane devant eux; un passant les interpelle encore.

N. B. Verdizotti est le premier qui ait mis en tête de son recueil un frontispice artistement composé. Le centre est occupé par une fenêtre d'un palais; au bas est le Jourdain sous la forme d'un vieillard tenant une urne; adossées à deux colonnes, deux femmes ont chacune dans leurs mains une urne dont le contenu est indiqué par l'inscription *Giordano*, la fenêtre est surmontée d'un fronton triangulaire qui porte deux Amours.

LES FIGURES DE SADELER

Gilles Sadeler, célèbre graveur né à Anvers en 1570, publia à Prague en 1608 sous le titre de *Theatrum morum* (*Théâtre des mœurs*) un recueil de 103 fables empruntées à Ésope et à d'autres auteurs. Chaque fable, rédigée en allemand, comprend un récit d'environ dix vers et une moralité en prose composée de citations empruntées à la Bible ou à l'histoire ; elle est précédée d'une figure à mi-page dessinée et gravée au burin par Sadeler. Il y a en outre un frontispice qui explique le titre de *Theatrum morum*.

En 1644, Guillaume Le Bé, libraire à Paris, fit traduire en vers par un anonyme les 103 fables de Sadeler et reproduire sur bois ses figures avec le titre de *Théâtre des animaux*.

En 1659, Claude Cramoisy, libraire célèbre, ayant acquis les planches de Sadeler, fit traduire en prose française les fables allemandes par Raphael du Fresne. Il remplaça dans le frontispice le titre de *Theatrum morum* par *Figures diverses tirées des Fables d'Ésope et d'autres et expliquées par* R. D. F. (figure 23). Il ne fit pas attention que le frontispice est inintelligible sans le titre de *Theatrum morum* dont il est l'explication, comme nous allons le démontrer.

Sur une terrasse bordée par une élégante balustrade se tiennent des hommes aussi différents par la physionomie que par le costume ; trois d'entre eux regardent par-dessus la balustrade les animaux qui sont placés au bas de la terrasse. Au milieu de la balustrade est assis, vêtu d'un manteau antique, ayant une couronne sur la tête, le Créateur de l'univers qui tient de la main droite une lance et un cor, et de la main gauche une sphère céleste. Au bas de la terrasse, on voit un Aigle aux ailes éployées, le cou et le bec tendus vers un Chamois qui saute de rocher en rocher ; un Eléphant, la trompe levée ; un Singe tourné de face, un Taureau baissant les cornes pour frapper, un Lion assis et regardant à droite, un Renard tenant un poisson dans la gueule, trois Fourmis, une Abeille et une Taupe. La Fontaine y fait allusion dans des vers célèbres :

Une ample comédie à cent actes divers,
    Et dont la scène est l'univers.
Hommes, Dieux, animaux, tout y fait quelque rôle.

Plusieurs figures de Sadeler ont été décrites par La Fontaine et ont servi à Chauveau, notamment *le Rat et l'Huître* que nous reproduisons (figure 24) : à droite, la mer avec des bateaux, et, sur la côte, deux voyageurs ; à gauche, une campagne séparée du rivage par une suite de rochers qui aboutissent à un promontoire ; au milieu d'Huîtres jetées par les vagues sur la grève, une Huître entr'ouverte et un Rat y introduisant sa tête.

LES FABLES DE BAUDOIN

Baudoin, membre de l'Académie française, fécond traducteur, a mis en prose française cent dix-huit fables de l'Ésope latin de la Renaissance où avaient déjà puisé Corrozet, Verdizotti et Sadeler : *les Fables d'Esope phrygien, illustrées de Discours moraux, philosophiques et politiques* (1630, in-12). Briot les a illustrées de figures en page entière, une pour chaque fable ; il a imité Sadeler toutes les fois qu'il traitait les mêmes sujets. Il a d'ailleurs des compositions originales, comme *l'Ane vêtu de la peau du Lion*, qui a servi de modèle à Chauveau (figure 25).

Mythologie. — La Fontaine a consulté aussi la *Mythologie* de Baudoin, qui s'est borné à revoir la traduction que Montlyard avait faite de la *Mythologie* latine de Noel le Comte (1627, in-folio). L'ouvrage a dix planches de figures et un magnifique frontispice dessiné par Rabel et gravé par David où sont artistement groupés les principaux Dieux du Ciel, de la Terre, de la Mer et de l'Enfer (hauteur, 325 millimètres ; largeur, 200 millimètres). Nous en donnons une réduction (figure 26).

Dans la partie supérieure, Junon est assise sur un nuage, un Paon à ses pieds ; elle tient de la main droite un sceptre surmonté d'un Coucou, et de la main gauche une grenade. A droite de Junon, Mercure avec un caducée, Apollon avec une lyre ; au-dessous, Pallas avec une chouette ; puis Borée et Zéphyre avec Aura (la Brise). A gauche, Pan avec une flûte, Diane avec un arc, Vénus avec l'Amour, Nérée avec Doris et l'Océan.

Au milieu, Jupiter assis sur un aigle tient des foudres dans sa main droite et un sceptre dans sa main gauche. Neptune brandit un trident de sa main droite, tandis qu'il tient dans sa main gauche les rênes avec lesquelles il conduit ses chevaux marins.

Dans la partie inférieure, Saturne avec une faux dévorant un enfant, Hercule avec sa massue, Cérès couronnée d'épis, Cybèle la tête couronnée de tours, Vulcain avec une enclume et un marteau de forgeron, Aréthuse tenant une urne d'où s'épanche une fontaine.

De l'autre côté, Pluton est assis sur son trône avec Proserpine à qui on présente une grenade ; Cerbère est à leurs pieds.

Jupiter et Junon, Pluton et Proserpine ont des couronnes radiées, ce qui n'est pas conforme à l'art antique.

LE LABYRINTHE DE VERSAILLES

L'ouvrage le plus considérable qui ait jamais été exécuté en l'honneur des fables ésopiques est *le Labyrinthe de Versailles* dont Perrault a fait une description et dont Sébastien Leclerc a gravé les figures [1].

« Entre tous les bocages du petit parc de Versailles, dit Perrault, celui qu'on nomme *le Labyrinthe* est surtout recommandable par la nouveauté du dessin et par le nombre et la diversité des fontaines... On a choisi, pour sujets de ces fontaines, une partie des fables d'Esope, et elles sont si naïvement exprimées qu'on ne peut rien voir de plus ingénieusement exécuté. Les animaux de plomb colorié selon le naturel sont si bien désignés qu'ils semblent être dans l'action même qu'ils représentent, d'autant plus que l'eau qu'ils jettent imite en quelque sorte la parole que la fable leur a donnée... A chacune de ces fontaines on a pratiqué une place où, sur une lame de plomb peinte en noir, il y a une inscription de quatre vers (de Benserade) écrite en lettres d'or.

« En entrant, on trouve deux figures de plomb peintes au naturel et posées chacune sur un piédestal

[1]. *Le Labyrinthe de Versailles*, imprimerie royale, 1677 et 1679 (Bibliothèque nationale, L 7 K).

de rocaille. L'une représente Ésope, l'autre l'Amour (figure 27). Ésope tient un rouleau de papier et montre l'Amour qui tient un peloton de fil, comme pour faire connaître que, si ce dieu engage les hommes dans de fâcheux labyrinthes, il n'a pas moins le secret de les en tirer lorsqu'il est accompagné de la Sagesse dont Esope dans ses fables enseigne le chemin. »

Esope et l'Amour sont représentés dans le frontispice du livre que nous reproduisons ci-après. Leurs statues ont été conservées et sont tout ce qui subsiste du Labyrinthe : on les a placées dans le bosquet de *l'Arc de triomphe*.

Trente-neuf fables étaient représentées dans le Labyrinthe. Nous donnons comme spécimen (figure 28) *le Serpent à plusieurs têtes et le Serpent à plusieurs queues* que Perrault décrit ainsi : « Le Serpent à plusieurs têtes est au milieu d'un bassin ; chaque tête forme un jet d'eau. Celui à plusieurs queues, plus élevé, fait un grand jet au milieu du bassin. »

LES

FABLES DE LA FONTAINE

ICONOGRAPHIE

DES FABLES DE LA FONTAINE [1]

La popularité des fables de La Fontaine a également attiré l'attention des critiques et des artistes ; ils ont rivalisé pour les louer par la plume et les illustrer par le crayon. Laharpe, Chamfort, Walckenaer, Saint-Marc Girardin, D. Nisard, Taine, etc., les ont étudiées à des points de vue divers, de telle sorte que chacun d'eux a traité cette matière sous une forme originale. De même Chauveau, Oudry, Fessard, Vivier, Percier, Moreau, Grandville, Gustave Doré, De-

---

1. Château-Thierry, ville natale de La Fontaine, lui a élevé une statue : le poète est représenté debout, un manteau posé sur les épaules, dans une attitude méditative. A Paris, un Comité de souscription de l'Académie française a érigé à La Fontaine un buste de bronze sous les grands arbres du Ranelagh : une Renommée, une couronne à la main, étend ses ailes sur le poète ; devant elle, un jeune garçon élève un bras sur sa tête avec un masque, emblème de la fable, et regarde les animaux qui entourent le poète, un Lion, un Corbeau tenant dans son bec un fromage, une Alouette dans des épis de blé, un Renard contemplant le Corbeau et deux Pigeons qui se becquètent.

lietre, etc., ont dessiné des compositions où ils ont interprété La Fontaine chacun selon son génie [1]. Enfin, comme les fables fournissent d'agréables sujets pour des tableaux de genre, les peintres, depuis Fragonard, ont, dans cet ordre d'idées, fait des compositions dont l'étude complète celle des gravures [2].

[1]. Pour la connaissance des sources où a puisé La Fontaine, voir notre traduction des fables de Babrios, p. 422-454.
[2]. Voir ci-après l'énumeration et la description de ces tableaux.

CHAUVEAU

L'édition princeps des six premiers livres des Fables de La Fontaine a été publiée en petit in-4° par Claude Barbin en 1668. Les Fables de Faerne, Verdizotti et Baudoin ont paru avec des figures à page entière ; Barbin, par une parcimonie regrettable, n'a pas imité cet exemple. Il a fait dessiner et graver à grands traits par François Chauveau[1] de petites vignettes (hauteur, 70 millimètres ; largeur, 55 millimètres) qui sont placées chacune en tête d'une fable. Heureusement, comme La Fontaine a aidé Chauveau de ses conseils et lui a donné des modèles en lui mettant sous les yeux les recueils de Corrozet, de Faerne, de Verdizotti, de Sadeler et de Baudoin, les petites figures de Chauveau rachètent leur exiguité par l'expression et par l'originalité. Nous les décrivons toutes, et nous montrons par onze d'entre elles qu'elles interprètent fidèlement la pensée du fabuliste.

Livre premier. 1. *La Cigale et la Fourmi.* (Fi-

---

[1]. Chauveau a illustré avec talent les premières éditions de Pierre Corneille et de Thomas Corneille, de Molière, de Racine, etc. Il se distinguait par sa facilité, mais il entamait le cuivre avec trop de vigueur. Voir les figures citées par Lacroix, *Institutions du xviie siècle*, p. 517, et *Arts du xviie siècle*, p. 259, 291.

gure 29.) La terre est couverte de neige. La Cigale s'avance vers la Fourmi à laquelle le creux d'un arbre sert de refuge. A la Cigale correspondent deux mendiants qui se chauffent avec du bois mort; derrière la Fourmi on aperçoit une maisonnette bien close dont l'habitant, appuyé sur une canne, interpelle les deux mendiants. — Cette figure est très remarquable, parce que c'est le premier exemple d'une *interprétation* où les animaux de la fable ont pour équivalents des personnages humains. Grandville a évidemment emprunté à Chauveau l'idée de sa première figure si populaire : il a ouvert la porte de sa maisonnette, et placé sur le seuil une Cigale costumée en chanteuse qui mendie et une Fourmi costumée en paysanne qui refuse l'aumône. Doré s'est plus rapproché encore de Chauveau en substituant aux animaux des personnages humains, une Chanteuse et une Paysanne.

2. *Le Corbeau et le Renard*. Le Renard tient un fromage dans sa gueule, et, par ses gestes, raille le Corbeau, dont l'attitude exprime la confusion.

3. *La Grenouille qui se veut faire aussi grosse que le Bœuf*. Une Grenouille se dresse en face d'un Bœuf.

4. *Les deux Mulets*. Le Mulet qui portait l'argent est étendu à terre, et tourne la tête vers son camarade chargé d'un sac de blé.

5. *Le Loup et le Chien*. Un Loup maigre rencontre dans un bois un Chien gras.

6. *La Génisse, la Chèvre et la Brebis en société avec le Lion*. Le Lion, devant le corps d'un Cerf, compte sur ses ongles.

7. *La Besace*. (Figure 30.) Jupiter, dans un nuage, considère à ses pieds un Singe, un Ours, un Éléphant, une Baleine. Il a, à sa gauche, la Folie coiffée d'un

bonnet et tenant dans ses mains une besace avec une marotte.

8. *L'Hirondelle et les petits Oiseaux.* Des Oiseaux sur un arbre; un homme sème du lin.

9. *Le Rat de ville et le Rat des champs.* Dans une salle à manger, la table est couverte d'un tapis de Turquie. Deux Rats mangent sur un pan du tapis. Un domestique ouvre la porte. (Oudry, figure 41.)

10. *Le Loup et l'Agneau.* Au bord d'un cours d'eau, le Loup regarde l'Agneau d'un air menaçant; celui-ci lui répond en gesticulant.

11. *L'Homme et son Image.* Un homme, à genoux devant un cours d'eau, exprime son aversion pour son image.

12. *Le Dragon à plusieurs têtes et le Dragon à plusieurs queues.* Un homme regarde deux Dragons, l'un à plusieurs têtes, l'autre à plusieurs queues, qui s'efforcent de traverser un fourré d'arbres. (Voir figure 28.)

13. *Les Voleurs et l'Ane.* Deux Voleurs se battent. Un troisième Voleur s'enfuit avec l'Ane.

14. *Simonide préservé par les Dieux.* Simonide est emmené par Castor et Pollux hors d'une maison qui s'écroule. (Voir Coiny, figure 55.)

15. *La Mort et le Malheureux.* — 16. *La Mort et le Bûcheron.* Le Bûcheron est assis à terre avec un fagot. La Mort lui apparaît en squelette vêtu d'un linceuil.

17. *L'Homme entre deux âges et ses deux Maîtresses.* Un homme assis entre deux femmes tient un miroir.

18. *Le Renard et la Cigogne.* La Cigogne enfonce son bec dans un vase d'embouchure étroite. Le Renard lèche la panse.

19. *L'Enfant et le Maître d'école.* Le Maître, en robe

avec un bonnet carré, un paquet de lanières sur l'épaule, tance l'Enfant tombé dans l'eau.

20. *Le Coq et la Perle.* Un Coq considère une pierre précieuse.

21. *Les Frelons et les Mouches à miel.* Des Frelons et des Abeilles volent autour de gâteaux de miel.

22. *Le Chêne et le Roseau.* Un Chêne est brisé par Borée sous la forme d'une bouche qui souffle du vent. Des Roseaux s'inclinent. (Voir Moreau, figure 80.)

Livre deuxième. 1. *Contre ceux qui ont le goût difficile.* Un homme, assis à une table, a une plume dans la main droite. Près de lui un critique tient un manuscrit avec la main droite et indique des vers avec la main gauche.

2. *Conseil tenu par les Rats.* Des Rats sont assis sur des bancs. Le président tient une sonnette ; devant lui est l'orateur. Un Chat repose dans l'embrasure d'une fenêtre.

3. *Le Loup plaidant contre le Renard par-devant le Singe.* Le Singe est assis sur un tertre entre le Loup et le Renard. (Voir Coiny, figure 56.)

4. *Les deux Taureaux et une Grenouille.* Une Grenouille considère deux Taureaux qui se battent pour une Génisse.

5. *La Chauve-Souris et les deux Belettes.* Sur un toit de chaume, une Belette saisit une Chauve-Souris par l'aile.

6. *L'Oiseau blessé d'une flèche.* Un Oiseau tombe blessé d'une flèche lancée par un archer.

7. *La Lice et sa Compagne.* Une Chienne, avec ses petits, se met en défense contre une autre Chienne qui lui réclame sa niche.

8. *L'Aigle et l'Escarbot.* L'Aigle, les serres posées sur un Lièvre, regarde l'Escarbot.

9. *Le Lion et le Moucheron.* Le Lion est couché à terre. Le Moucheron s'envole et va se faire prendre dans une toile d'araignée.

10. *L'Ane chargé d'éponges et l'Ane chargé de sel.* L'Ane, dont la charge de sel a fondu, s'avance au-delà du cours d'eau. L'Ane chargé d'éponges s'enfonce avec l'Anier qui le monte. Un bateau vient à leur secours.

11. *Le Lion et le Rat.* Le Lion est enveloppé d'un filet et rugit. Le Rat ronge la corde.

12. *La Colombe et la Fourmi.* Un paysan tient une arbalète. La Fourmi le mord au talon et lui fait détourner la tête. La Colombe s'envole.

13. *L'Astrologue qui se laisse tomber dans un puits.* L'Astrologue, tenant une sphère de la main droite et un compas de la main gauche, tombe dans un puits. Deux passants le regardent.

14. *Le Lièvre et les Grenouilles.* Le Lièvre considère les Grenouilles qui sautent dans l'eau.

15. *Le Coq et le Renard.* Le Coq, perché sur un arbre, regarde en bas. Le Renard lève la tête vers le Coq pour le haranguer.

16. *Le Corbeau voulant imiter l'Aigle.* L'Aigle enlève un mouton. Le Corbeau, empêtré dans la toison d'un mouton, est pris par le berger[1].

17. *Le Paon se plaignant à Junon.* Junon est assise

---

1. La fable esopique a reçu une application historique. En 1686, le roi de Danemarck essaya de prendre Hambourg et fut obligé d'en lever le siege. On frappa, a cette occasion, une medaille qui représente un Aigle enlevant un Mouton dans les airs et un Corbeau empêtré dans la toison d'un Mouton, avec cet exergue : *Talia relinquas aquilæ.* (Van Loon, *Histoire metallique des Provinces-Unies*, t. III, p. 322.)

dans un nuage. Le Paon lève la tête vers la déesse. Un Rossignol est perché sur un arbre.

18. *La Chatte métamorphosée en femme.* La femme, au bas du lit, étend la main pour prendre une Souris. Le mari regarde la femme avec étonnement.

19. *Le Lion et l'Ane chassants.* L'Ane brait, couvert de ramée. Le Lion poursuit un Sanglier et un Cerf.

20. *Testament expliqué par Ésope.* Esope, tenant un papier à la main, l'explique à trois femmes en costume grec.

Livre troisième. 1. *Le Meunier, son Fils et l'Ane.* Le Meunier et son Fils portent l'Ane suspendu à un bâton. (Voir Coiny, figure 57.)

2. *Les Membres et l'Estomac.* Un homme nu, étendu à terre.

3. *Le Loup devenu Berger.* Le Loup, vêtu d'un manteau et coiffé d'un chapeau de feutre, porte une musette à sa ceinture. Le berger dort à terre. (Voir figure 22.)

4. *Les Grenouilles qui demandent un roi.* Jupiter étend le bras pour répondre aux Grenouilles qui forment deux groupes : le premier est formé de Grenouilles qui sont montées sur un soliveau ; le second, de Grenouilles qui se plaignent à Jupiter en voyant une Grue dévorer l'une d'elles.

5. *Le Renard et le Bouc.* Le Bouc, les pieds dans un puits, lève la tête pour implorer le Renard qui est sur la margelle.

6. *L'Aigle, la Laie et la Chatte.* L'Aigle a son nid sur le haut d'un arbre ; la Laie loge dans un trou qui est au bas ; la Chatte monte vers l'Aigle.

7. *L'Ivrogne et sa Femme.* Au milieu d'un caveau

funéraire, l'Ivrogne est couché dans une bière entourée de chandelles. La Femme lui présente une écuelle.

8. *La Goutte et l'Araignée.* Un prélat est dans son lit où trois hommes lui pansent un genou. Par l'ouverture d'une porte, on voit une domestique abattre une toile d'araignée.

9. *Le Loup et la Cigogne.* La Cigogne enfonce son bec dans la gueule du Loup.

10. *Le Lion abattu par l'Homme.* L'Homme montre au Lion une peinture murale dans laquelle un Homme arrache la langue à un Lion. Un passant manifeste son étonnement.

11. *Le Renard et les Raisins.* Le Renard saute après les grappes de raisin d'une treille formant berceau.

12. *Le Cygne et le Cuisinier.* Une Oie nage dans un bassin. Le Cuisinier y a pris le Cygne et se prépare à l'égorger.

13. *Les Loups et les Brebis.* (Figure 31.) Un Loup tape dans la patte d'une Brebis. Derrière le Loup sont des Louveteaux, et derrière la Brebis, des Chiens.

14. *Le Lion devenu vieux.* Le Lion est couché à terre. Un Cheval lui donne un coup de pied ; un Bœuf, un coup de corne ; un Loup le mord. Un Ane accourt. (Voir Oudry, figure 43.)

15. *Philomèle et Progné.* Un Rossignol et une Hirondelle se tiennent sur des arbres.

16. *La Femme noyée.* Le Mari de la Femme noyée porte un mouchoir à ses yeux. Trois passants causent.

17. *La Belette entrée dans un grenier.* Une Belette est entrée dans un grenier où sont suspendus des jambons ; elle veut sortir par un trou ; un Rat la regarde.

18. *Le Chat et le vieux Rat.* Le Chat est suspendu à un mur. Au-dessous de lui trottent des Rats. Le vieux Rat regarde le Chat.

Livre quatrième. 1. *Le Lion amoureux.* Le Père regarde le Lion ; la Fille lui sourit. On lui lime les dents et on lui coupe les griffes. (Voir Oudry, figure 44.)

2. *Le Berger et la Mer.* Le Berger regarde des marchandises déposées sur le rivage.

3. *La Mouche et la Fourmi.* La Mouche s'abat près de la Fourmi.

4. *Le Jardinier et son Seigneur.* (Figure 33.) Dans une salle à manger, au mur de laquelle sont accrochés des jambons, le Jardinier fricasse et regarde le Seigneur. Celui-ci écarte le mouchoir qui couvre le sein de la jeune fille. Par l'ouverture de la porte, on voit un valet détacher des chiens, tandis qu'un autre sonne de la trompe.

5. *L'Ane et le petit Chien.* Le Maître est debout et écarte l'Ane qui lui porte sa corne au menton. Un valet frappe l'animal avec un bâton.

6. *Le Combat des Rats et des Belettes.* (Figure 34.) Deux colonnes de Rats empanachés, armés de piques, avec un drapeau, s'avancent contre deux colonnes de Belettes, armées également de piques. — C'est une parodie des milices bourgeoises.

7. *Le Singe et le Dauphin.* Le Singe, assis sur un Dauphin, montre les maisons du Pirée. (Voir ci-dessus figure 18.)

8. *L'Homme et l'Idole de bois.* L'Homme frappe l'Idole de bois placée sur un piédestal : la tête, le tronc et les bras gisant à terre, ont laissé échapper des pièces de monnaie.

9. *Le Geai paré des plumes du Paon.* Des Paons déplument le Geai.

10. *Le Chameau et les Bâtons flottants.* Un homme mène le Chameau par un licou ; un autre homme s'enfuit épouvanté. Deux hommes sur un rocher regardent la mer.

11. *La Grenouille et le Rat.* Le Milan enlève le Rat avec la Grenouille.

12. *Tribut envoyé par les Animaux à Alexandre.* Un Cheval, un Chameau, un Mulet et un Ane. Le Lion se tient près d'une caisse ouverte par un Singe. Des drachmes gisent à terre.

13. *Le Cheval s'étant voulu venger du Cerf.* Un cavalier poursuit le Cerf avec un épieu. (Voir figure 3.)

14. *Le Renard et le Buste.* Le Renard, dans un atelier de statuaire, regarde le Buste.

15. *Le Loup, la Chèvre et le Chevreau.* La Chèvre est dans la campagne. Le Loup frappe à la porte de la cabane. Le Chevreau regarde par une fente.

16. *Le Loup, la Mère et l'Enfant.* Le Loup se tient à la porte. La mère regarde l'enfant dans son berceau.

17. *Parole de Socrate.* Socrate fait voir à trois amis l'entrée d'un pavillon de style grec (Voir Coiny, figure 62.)

18. *Le Vieillard et ses Enfants.* Le Vieillard, assis sur son lit, montre à ses enfants un dard cassé.

19. *L'Oracle et l'Impie.* L'Impie, tenant un moineau à la main, s'agenouille devant une statue d'Apollon.

20. *L'Avare qui a perdu son trésor.* L'Avare est agenouillé devant un trou vide. Un passant lui montre une pierre.

21. *L'œil du Maître.* Le Maître examine l'étable.

Un serviteur accourt pour frapper le Cerf avec une fourche, un autre avec un bâton.

22. *L'Alouette et ses petits avec le Maître du champ.* Le Maître du champ examine les blés avec son Fils. L'Alouette se prépare à partir avec ses Petits.

Livre cinquième. 1. *Le Bûcheron et Mercure.* Le dieu présente une hache de fer au Bûcheron. Une hache d'or et une hache d'argent gisent à terre.

2. *Le Pot de terre et le Pot de fer.* Les deux Pots cheminent sur une route. Le Pot de terre est ébréché. (La scène diffère de celle de Faerne, figure 21.)

3. *Le petit Poisson et le Pêcheur.* Le Pêcheur tient le petit Poisson de la main gauche et une ligne de la main droite.

4. *Les oreilles du Lièvre.* L'ombre des oreilles du Lièvre projetée à terre figure des cornes. L'animal s'en va et répond au Grillon.

5. *Le Renard sans queue.* Assemblée des Renards ; l'un d'eux regarde derrière l'orateur.

6. *La Vieille et les deux Servantes.* La Vieille vient, une lampe à la main, réveiller les Servantes. (Voir Oudry, figure 45.)

7. *Le Satyre et le Passant.* Dans un antre, le Passant est assis à une table avec le Satyre ; il souffle sur ce qu'il mange.

8. *Le Cheval et le Loup.* Le Loup est étendu à terre derrière le Cheval qui vient de lui lancer une ruade.

9. *Le Laboureur et ses Enfants.* Les trois fils labourent la terre, l'un avec une pioche, deux avec des bêches.

10. *La Montagne qui accouche.* Un homme montre une Souris qui sort d'un creux de la montagne.

11. *La Fortune et l'Enfant.* La Fortune, vêtue d'une draperie flottante et montée sur une boule, éveille l'Enfant endormi sur le bord d'un puits. (Voir Moreau, figure 81.)

12. *Les Médecins.* Une femme voilée près d'un lit. Tant-pis montre le cadavre ; Tant-mieux tient un livre sous le bras.

13. *La Poule aux œufs d'or.* Un paysan regarde avec désespoir une Poule qu'il a éventrée.

14. *L'Ane portant des reliques.* L'Ane porte une statue de Cybèle. Deux hommes, coiffés de bonnets phrygiens, sonnent dans des trompes. Des adorateurs sont agenouillés.

15. *Le Cerf et la Vigne.* Le Cerf broute la Vigne. Un chasseur accourt avec des chiens.

16. *Le Serpent et la Lime.* Dans un atelier d'horloger, le Serpent ronge la Lime. (Voir Coiny, figure 63.)

17. *Le Lièvre et la Perdrix.* Un chien mord le Lièvre. Un autour plane sur la Perdrix qui est à terre devant le Lièvre.

18. *L'Aigle et le Hibou.* L'Aigle est posé sur un rocher en face du Hibou.

19. *Le Lion s'en allant en guerre.* (Figure 34.) Le Lion tient une épée dans la patte. Il a à sa droite un Éléphant, et à sa gauche un Ours qui porte une échelle.

20. *L'Ours et les deux Compagnons.* Un des Compagnons est caché dans un arbre. L'autre est couché à terre sur le nez ; l'Ours lui flaire la tête. (Voir Corrozet, figure 19.)

21. *L'Ane vêtu de la peau du Lion.* Un Ane, vêtu de la peau du Lion, fait fuir un Cerf et un Lièvre. Un

homme lui saisit une oreille d'une main et de l'autre le frappe d'un bâton. (Voir Briot, figure 25.)

Livre sixième. 1. *Le Pâtre et le Lion.* Le Lion sort d'un antre. Le Pâtre se cache.

2. *Le Lion et le Chasseur.* (Cette fable, étant réunie à la précédente dans l'édition princeps, n'a point de figure spéciale. (Voir Coiny, figure 64.)

3. *Phébus et Borée.* D'un côté Borée se déchaîne sur la campagne, sur une maison et sur un bateau ; le cavalier s'enveloppe dans son manteau. D'un autre côté, Phébus paraît derrière un nuage.

4. *Jupiter et le Métayer.* Jupiter apparaît dans un nuage. Mercure, monté sur un tertre, tient son caducée pour faire l'adjudication. Devant lui, un cercle de paysans.

5. *Le Cochet, le Chat et le Souriceau.* Le Chat guette devant une cabane. Le Cochet bat des ailes. Le Souriceau fuit vers sa mère qui passe la tête hors de son trou.

6. *Le Renard, le Singe et les Animaux.* Un Ours tient une couronne à travers laquelle saute le Singe. Le Renard le regarde.

7. *Le Mulet se vantant de sa généalogie.* Un homme porte dans ses mains une housse magnifique qu'il vient d'enlever au Mulet. Un autre homme conduit au moulin le Mulet chargé d'un sac.

8. *Le Vieillard et l'Ane.* Le Vieillard s'enfuit. L'Ane se roule à terre.

9. *Le Cerf se voyant dans l'eau.* Le Cerf se mire dans une fontaine.

10. *Le Lièvre et la Tortue.* Le Singe tient de la main une couronne ; la Tortue arrive lentement ; le Lièvre court de toute sa force.

11. *L'Ane et ses Maîtres.* L'Ane chargé de peaux se plaint à Jupiter ; son maître le frappe.

12. *Le Soleil et les Grenouilles.* Le Soleil, monté sur un char, répand ses rayons sur les Grenouilles.

13. *Le Villageois et le Serpent.* Devant une cheminée qui flambe, le Villageois lève sa hache pour frapper le Serpent qui se dresse contre lui.

14. *Le Lion malade et le Renard.* Le Lion est dans son antre. Un chien montre au Renard un parchemin scellé qu'il tient de la patte gauche.

15. *L'Oiseleur, l'Autour et l'Alouette.* Un paysan retire l'Autour d'un filet où est prise une Alouette.

16. *Le Cheval et l'Ane.* L'Ane gît à terre. Le maître a mis sur le Cheval sa charge et sa peau.

17. *Le Chien qui lâche sa proie pour l'ombre.* Le Chien passe une rivière sur une planche et y considère son ombre.

18. *Le Chartier embourbé.* Hercule apparaît dans une nue. Le Chartier pousse à la roue.

19. *Le Charlatan.* (Figure 35.) Le Charlatan présente au Roi l'Ane qui se tient debout en robe de maître-ès-arts. Derrière l'Ane, un homme lève ses mains au ciel pour exprimer son étonnement.

20. *La Discorde.*

21. *La jeune Veuve.*

Les figures des fables 20 et 21 manquent dans l'édition princeps et dans les réimpressions.

Livre septième[1]. 1. *Les animaux malades de la peste.* L'Ane se tient devant le Lion. Le Loup lève la patte pour l'accuser.

---

1. Les livres VII-XI ont été publiés en 1678-1679, à la suite des six premiers en 4 volumes in-12. Chauveau a eu des collaborateurs pour les figures de ces cinq livres.

2. *Le mal Marié*. Le mari montre à sa femme la porte.

3. *Le Rat qui s'est retiré du monde*. Le Rat est dans un fromage de Hollande posé sur une banquette de pierre ; il passe la tête par un trou. Il y a deux Rats en bas et deux autres en haut.

4. *Le Héron*. Le Héron, au bord d'une rivière, tient dans son bec un limaçon.

5. *La Fille*. (La figure manque.)

6. *Les Souhaits*. Dans un jardin planté de palmiers, le Mogol et sa femme, vêtus de plumes, regardent un Follet voler devant eux.

7. *La cour du Lion*. Le Lion, dans son antre, a une patte posée sur un Singe ; il regarde un Renard. Un Ours est étendu à terre.

8. *Les Vautours et les Pigeons*. Combat de trois Vautours. Deux Pigeons s'approchent d'eux.

9. *Le Coche et la Mouche*. (Figure 36.) Un Coche est traîné par six chevaux. Quatre personnages s'avancent à pied : un moine lit son bréviaire ; une femme cause avec deux hommes. La Mouche vole devant le moine.

10. *La Laitière et le Pot au lait*. La Laitière regarde le Pot au lait renversé ; elle étend ses bras avec désespoir. (Voir Percier, figure 78.)

11. *Le Curé et le Mort*. Le Char qui portait le Mort est renversé. Le Curé est tombé avec la bière dessus de lui.

12. *L'Homme qui court après la Fortune et l'Homme qui l'attend dans son lit*. Le voyageur trouve à la porte de son ami la Fortune assise sur un banc ; elle tient une ancre et a le pied sur une boule. (Voir Oudry, figure 47.)

13. *Les deux Coqs.* Les deux Coqs se battent entre eux. Une Poule les regarde.

14. *L'ingratitude et l'injustice des hommes envers la Fortune.* (Figure 37.) Le même personnage se montre sous deux aspects différents. 1° Il étend les bras avec satisfaction en contemplant trois vaisseaux qui sont à l'ancre. 2° Il lève un bras avec tristesse en apercevant un naufrage causé par une tempête.

15. *Les Devineresses.* Dans un taudis, une Devineresse tient la main d'une dame et lève le bras pour lui faire une prédiction. Derrière elle se tient un jeune homme avec une canne et une épée.

16. *Le Chat, la Belette et le petit Lapin.* Le Chat met une patte sur la Belette et l'autre sur le petit Lapin. (Voir Percier, figure 78.)

17. *La Tête et la Queue du Serpent.* La Queue du Serpent se heurte contre une pierre.

18. *Un Animal dans la Lune.* Devant le roi d'Angleterre, un astronome regarde la Lune avec un télescope ; un autre exprime son étonnement.

Livre huitième. 1. *La Mort et le Mourant.* La Mort sous la forme d'un squelette couvert d'un linceuil ; le Mourant couché dans son lit.

2. *Le Savetier et le Financier.* Le Savetier en blouse, sa casquette à la main, tend la main gauche pour recevoir le sac que lui offre le Financier.

3. *Le Lion, le Loup et le Renard.* (Figure 38.) Le Renard pose sur le dos du Lion la peau du Loup écorché ; un Singe coupe son corps en morceaux avec une hache.

4. *Le Pouvoir des Fables.* Ménénius Agrippa harangue le peuple du haut d'un balcon.

5. *L'Homme et la Puce.* Un homme au lit gratte le bras droit avec le gauche. Tableau représentant Hercule.

6. *Les Femmes et le Secret.* Un homme, au lit avec sa femme, lui montre un œuf.

7. *Le Chien qui porte à son cou le dîner de son maître.* Un Chien dans une rue est attaqué par d'autres chiens ; il prend sa part du morceau.

8. *Le Rieur et les Poissons.* Sept convives sont à table. Le Rieur, placé à gauche, tient un petit Poisson dans sa main : un gros Poisson est à droite. (Voir Coiny, figure 66.)

9. *Le Rat et l'Huître.* Le Rat introduit sa tête dans l'Huître. (Voir Sadeler, figure 25.)

10. *L'Ours et l'Amateur des jardins.* L'homme est étendu à l'ombre d'un arbre, une mouche sur le nez. L'Ours tient un pavé.

11. *Les deux Amis.* Un domestique tient un flambeau. Un des amis porte une épée et un sac ; l'autre exprime son étonnement. (Voir Percier, figure 79.)

12. *Le Cochon, la Chèvre et le Mouton.* (Figure 39.) Un Charretier est dans une charrette avec le Cochon, la Chèvre et le Mouton ; il s'adresse au Cochon. Dans le fond, un théâtre de foire avec des boutiques.

13. *Tircis et Amarante.* Amarante est assise à gauche. Tircis, à droite, lui parle avec une houlette à la main. (Imitation d'Oudry.)

14. *Les obsèques de la Lionne.* Au milieu d'un cercle d'animaux, le Lion regarde un Cerf.

15. *Le Rat et l'Eléphant.* Une sultane est assise sur l'Éléphant qu'escortent trois piqueurs. Le Rat se tient devant l'Eléphant.

16. *L'Horoscope*[1]. Dans un magnifique salon, un jeune prince frappe du poing un Lion qui est brodé sur une tapisserie. (Voir Oudry, figure 48.)

17. *L'Ane et le Chien*. Le Maître dort; l'Ane broute; le Chien se repose; un Loup paraît.

18. *Le Bassa et le Marchand*. Dans une salle orientale, le Bassa s'entretient avec le Marchand.

19. *L'Avantage de la Science*. Le Riche cause d'un air orgueilleux avec le Savant qui tient un portefeuille sous son bras. Les ennemis entrent par une porte de la ville.

20. *Jupiter et les Tonnerres*. Jupiter tient des tonnerres. Il est entouré d'autres dieux.

21. *Le Faucon et le Chapon*. Le maître se tient à une fenêtre; le Faucon est posé sur un perchoir; un cuisinier poursuit le Chapon avec un couteau.

22. *Le Chat et le Rat*. Un Hibou se tient en haut d'un arbre; au bas, une Belette. Le Chat est pris dans un filet, le Rat s'approche de lui.

23. *Le Torrent et la Rivière*. A droite, un Torrent tombe avec fracas; à gauche, coule une Rivière où s'avance le cavalier poursuivi par deux ennemis.

24. *L'éducation*. César se repose, tandis que Laridon fait tourner une broche. (Voir Percier, figure 79.)

---

1. L'Horoscope le plus célèbre dans les temps modernes est celui de Louis XIV. Il fut tiré par Morin, professeur de Mathématiques à l'Université de Paris, et présenté au cardinal Richelieu. On frappa une médaille qui représente au droit l'effigie de Louis XIV, et au revers les douze signes du zodiaque, au milieu desquels l'enfant est assis sur le char du Soleil qui est conduit par la Victoire, pour indiquer qu'il était né un *dimanche* (*le jour du Soleil* dans l'antiquité), et au milieu des victoires de son père, avec cet exergue : *Ortus Solis Gallici* (Lever du Soleil de la France). Louis XIV se fit ensuite représenter par un Soleil avec cette devise célèbre : *Nec pluribus impar* (Il pourrait éclairer plusieurs mondes).

25. *Les deux Chiens et l'Ane mort.* Deux Chiens regardent l'Ane mort.

26. *Démocrite et les Abdéritains.* Démocrite, assis à l'ombre d'un arbre, a la main sur une sphère ; Hippocrate lui parle.

27. *Le Loup et le Chasseur.* Le Sanglier gît à terre, près du Chasseur qui tient une arbalète bandée. Le Loup met la patte sur l'arbalète.

Livre neuvième. 1. *Le Dépositaire infidèle.* Le Marchand ramène l'enfant au père.

2. *Les deux Pigeons.* Un enfant lève une fronde. Un des deux Pigeons est couché sur une masure ; l'autre se repose au colombier.

3. *Le Singe et le Léopard.* Dans une foire, un homme porte un Singe sur son épaule droite et gesticule de la main gauche. Un Léopard est peint sur l'enseigne d'une boutique, à la porte de laquelle un homme tambourine pour attirer les passants. (Voir Coiny, figures 67-68.)

4. *Le Gland et la Citrouille.* Une Citrouille à terre. Garo reçoit un Gland sur le nez.

5. *L'Écolier, le Pédant et le Maître d'un jardin.* Le Maître d'un jardin parle à l'Écolier qui est grimpé sur un arbre.

6. *Le Statuaire et la Statue de Jupiter.* Le Statuaire est à genoux devant la Statue de Jupiter.

7. *La Souris métamorphosée en fille.* Le Soleil et Borée. Un vieillard est à genoux. Un homme s'adresse à la jeune fille qui porte une ceinture de plumes.

8. *Le Fou qui vend la sagesse.* Le Fou donne un soufflet à un homme et lui présente un fil. (Voir Oudry, figure 49.)

9. *L'Huître et les Plaideurs.* Perrin Dandin donne une écaille à chacun des Plaideurs.

10. *Le Loup et le Chien maigre.* Le Loup rencontre le Chien maigre près d'une maison dans un bois.

11. *Rien de trop.* Des Moutons mangent des tiges de blé. Un Loup se jette sur eux. Un homme à cheval le poursuit avec une pique.

12. *Le Cierge.* Dans une épicerie, un Cierge se jette dans le feu.

13. *Jupiter et le Passager.* Un vaisseau sur la mer. Le Passager brûle des os sur le rivage devant Jupiter.

14. *Le Renard et le Chat.* Le Renard est poursuivi par des Chiens. Le Chat monte sur un arbre.

15. *Le Mari, la Femme et le Voleur.* Le Mari est au lit avec la Femme. Le Voleur prend des bijoux sur une table. (Imitation de Simon et Coiny.)

16. *Le Trésor et les deux Hommes.* Un homme se retire avec un sac. Un autre homme se pend au mur d'une masure.

17. *Le Singe et le Chat.* Le Chat tire des marrons du feu. Le Singe les mange. Une servante arrive.

18. *Le Milan et le Rossignol.* Le Milan saisit le Rossignol qui est perché sur un arbre.

19. *Le Berger et son troupeau.* Le Berger harangue son troupeau. L'ombre d'un Loup, caché derrière un arbre, met en fuite les moutons.

Livre dixième. 1. *Les deux Rats, le Renard et l'Œuf.* Un des Rats tire par la queue son compagnon qui, couché sur le dos, tient l'Œuf entre ses pattes. Un Renard paraît au loin.

2. *L'Homme et la Couleuvre.* L'Homme tient une Couleuvre dans un sac. Il parle à une Vache.

3. *La Tortue et les deux Canards.* La Tortue est portée par les deux Canards à l'aide d'un bâton qu'elle tient dans ses dents. Des hommes la regardent.

4. *Les Poissons et le Cormoran.* Le Cormoran parle aux Poissons. (Imitation de Fessard.)

5. *L'Enfouisseur et son Compère.* L'Enfouisseur creuse un trou. Le Compère porte un sac.

6. *Le Loup et les Bergers.* Les Bergers font rôtir un agneau. Un Loup les considère de loin. (Voir Coiny, figure 69.)

7. *L'Araignée et l'Hirondelle.* L'Hirondelle enlève la toile avec l'Araignée.

8. *La Perdrix et les Coqs.* Les deux Coqs se battent. La Perdrix les regarde.

9. *Le Chien à qui on a coupé les oreilles.* Les passants considèrent le Chien à qui un homme vient de couper les oreilles avec un couteau.

10. *Le Berger et le Roi.* Le Berger tire d'un coffre sa musette et ses habits. Le Roi les regarde avec ses courtisans.

11. *Les Poissons et le Berger qui joue de la flûte.* Le Berger joue de la flûte au bord d'une rivière ; il a un filet près de lui. Annette tient une ligne. (Voir Oudry, figure 50.)

12. *Les deux Perroquets, le Roi et son Fils.* Le Roi, ayant son fils à côté de lui, parle au Perroquet réfugié sur un arbre.

13. *La Lionne et l'Ourse.* La Lionne rugit. L'Ourse la regarde.

14. *Les deux Aventuriers et le Talisman.* Les habitants de la cité vont au devant de l'Aventurier qui tient un Eléphant dans ses bras.

15. *Les Lapins.* Un homme posté dans un arbre tire des Lapins.

16. *Le Marchand, le Gentilhomme, le Pâtre et le Fils de Roi.* Le Pâtre parle à ses compagnons qui sont assis pour délibérer.

LIVRE ONZIÈME. 1. *Le Lion.* Un Léopard se tient sur un tertre ; un Renard lui parle. Des Bœufs paissent dans un pâturage. Le Lion apparaît dans un bois.

2. *Les Dieux voulant instruire un fils de Jupiter*[1]. Jupiter, assis sur un aigle, est entouré des Dieux. L'Amour lui parle, un carquois sous les pieds. (Voir Oudry, figure 52.)

3. *Le Fermier, le Chien et le Renard.* Devant le poulailler gisent des poules égorgées par le Renard. Le Chien est fustigé par le Fermier.

4. *Le Songe d'un habitant du Mogol.* Un homme endormi voit en songe un Ermite entouré de feux avec des diables, et un Roi dans le paradis avec des saints.

5. *Le Lion, le Singe et les deux Anes.* Le Lion, la

---

1. Les commentateurs n'ont pas indiqué l'origine véritable de cette fable. La Fontaine a pris son sujet dans *les Œuvres diverses d'un auteur de sept ans* (1678, imprimerie royale; Bibliothèque nationale, Z, 2261); il commente une lettre que le jeune prince avait écrite a *Flore* (Mademoiselle de Thianges, nièce de Madame de Montespan) sous la dictée de Madame de Maintenon :

« Quand j'ai su la nouvelle de votre mariage, j'ai été fort affligé, et rien ne m'en pourra consoler. Cela vous fait voir l'amour que j'ai pour vous. A vous dire franchement, je suis en colère de ce que vous consentez a vous marier. Après ce que je vous ai dit de mon extrême passion, vous devriez en avoir beaucoup pour moi. Je crains bien, grosse vilaine, que vous ne demandiez pas mieux que d'être mariée. — Votre amant. »

La Fontaine commente aussi une lettre a Mme de Montespan :

« Madame de Maintenon travaille tous les jours pour mon esprit. Elle espère bien d'en venir à bout, et Mignon aussi, qui fera ce qu'il pourra pour en avoir, mourant d'envie de plaire au Roi et a vous. »

tête ceinte d'un diadème, est assis sur un trône. Un Singe lui parle. Deux Anes se frottent l'un contre l'autre.

6. *Le Loup et le Renard.* Au clair de la Lune, le Renard, une patte sur un seau, regarde le Loup dans un puits.

7. *Le Paysan du Danube.* Le Paysan harangue les sénateurs. (Voir Moreau, figure 82.)

8. *Le Vieillard et les trois jeunes hommes.* Le Vieillard fait planter un arbre. Les trois jeunes hommes le regardent d'un air ironique.

9. *Les Souris et le Chat-Huant.* (La fable manque dans l'édition princeps.)

LIVRE DOUZIÈME [1]. 1. *Les Compagnons d'Ulysse.* Circé fait boire un philtre à un homme et le frappe de sa baguette. (Voir figure 98.)

2. *Le Chat et les deux Moineaux.* Le Chat tient dans la gueule un Moineau.

3. *Le Thésauriseur et le Singe.* Le Singe jette une pièce de monnaie par la fenêtre. Le Thésauriseur entre.

4. *Les deux Chèvres.* Les deux Chèvres se poussent sur un pont.

5. *Le Chat et la Souris.* Le Chat serre la Souris entre ses pattes dans une cuisine.

6. *Le Cerf malade.* Le Cerf malade est étendu à terre. Un autre Cerf lui tient compagnie.

7. *La Chauve-Souris, le Buisson et le Canard.* La Chauve-Souris voltige dans l'air; le Buisson arrête les passants ; le Canard nage dans une mare.

---

1. Le livre XII a été publié en 1694 dans le format in-12. Les figures ne sont pas signées.

8. *La Querelle des Chiens et des Chats, et celle des Chats et des Souris.* Deux Chiens et deux Chats se querellent.

9. *Le Renard et le Loup.* Le Renard, vêtu d'une peau de Loup, s'avance vers un mouton. Le Loup le regarde faire.

10. *L'Ecrevisse et sa Fille.* Deux Ecrevisses.

11. *L'Aigle et la Pie.* L'Aigle se repose à terre. La Pie est perchée sur un arbre.

12. *Le Milan, le Roi et le Chasseur.* Le Chasseur présente au Roi un Faucon.

13. *Le Renard, les Mouches et le Hérisson.* Le Renard est piqué par les Mouches. Le Hérisson s'approche de lui.

14. *L'Amour et la Folie.* La Folie, avec un capuchon et une marotte, conduit l'Amour qui a un bandeau sur les yeux.

15. *Le Corbeau, la Gazelle, la Tortue et le Rat.* Les quatre animaux sont réunis après avoir échappé au Chasseur.

16. *La Forêt et le Bûcheron.* Le Bûcheron abat un arbre avec une hache.

17. *Le Renard, le Loup et le Cheval.* Le Cheval lance une ruade au Loup. Le Renard le regarde.

18. *Le Renard et les Poulets d'Inde.* Les Dindons sont perchés sur un arbre. Le Renard en saisit un qui est tombé.

19. *Le Singe.* Le Singe tient un bâton dans une chambre.

20. *Le Philosophe scythe.* Le Philosophe scythe émonde des arbres avec une serpe.

21. *L'Éléphant et le Singe de Jupiter.* Le Singe de Jupiter, portant un caducée, se tient en face de l'Éléphant.

22. *Le Fou et le Sage.* Le Fou, portant un bonnet et une marotte, jette une pierre au Sage.

23. *Le Renard anglais.* Le Renard se suspend à un gibet.

24. *Le Soleil et les Grenouilles.*

25. *La Ligue des Rats.*

Les fables 24 et 25 manquent dans l'édition princeps.

26. *Daphnis et Alcimadure.* Daphnis, dans les enfers, tourne le dos à Alcimadure.

27. *Le Juge arbitre, l'Hospitalier et le Solitaire.* Le Solitaire montre une source qui tombe d'un rocher dans un ruisseau. Il parle au Juge qui est en robe et à l'Hospitalier qui s'appuie sur un bâton.

Philémon et Baucis[1]. Devant un temple, Philémon devient chêne, et Baucis devient Tilleul.

La Matrone d'Éphèse. La Matrone est agenouillée devant un tombeau. Une Servante la console. Le garde s'aperçoit qu'on a enlevé le pendu. (Voir Oudry, figure 53.)

Belphégor. Deux hommes tiennent la Fille du roi. Le paysan ordonne qu'on frappe du tambour. Belphégor s'envole dans les airs. (Voir Coiny, figure 78.)

Les Filles de Minée. Les Filles de Minée travaillent; puis elles s'envolent au plafond sous la forme de Chauves-Souris. (Voir Coiny, figure 76.)

Les figures de Chauveau ont été copiées ou imitées dans cinq éditions des Fables de La Fontaine.

1. Edition de Henri van Bulderen, la Haye, 1688-

---

[1]. Dans l'édition princeps du livre XII, La Fontaine a joint aux fables précédentes *Philémon et Baucis, la Matrone d'Ephèse, Belphégor, les Filles de Minée*.

1694, cinq parties en trois volumes in-12. Elle a été illustrée par H. Cause qui a copié exactement les figures de Chauveau en agrandissant le cadre. Elle a été reproduite plusieurs fois jusqu'à l'année 1727.

2. Edition de Daniel de la Feuille, Amsterdam, 1693-1696, cinq parties en deux volumes in-12. Frontispice par R. de Hooge, figures de Jean van Vranen d'après celles de Chauveau.

3. Edition de J.-B. Girin, Lyon, 1698, cinq parties en deux volumes in-12. Les figures ne sont pas signées; elles sont copiées de celles de Chauveau dans un cadre plus grand, comme celles des deux éditions précédentes; cependant il y a des planches nouvelles pour le douzième livre, et elles sont copiées directement des gravures de Chauveau.

4. Edition de la Compagnie des libraires, Paris, 1729, trois volumes in-12. Figures nouvelles d'après Chauveau, parce que les anciennes planches étaient usées.

5. Edition de David, Paris, 1746, deux volumes in-12, avec un commentaire de Coste de la société royale de Londres. Cette édition est très supérieure aux précédentes à tous les égards. Il y a un fleuron de De Sene gravé par Fessard sur le titre de chaque volume. Les figures, fines et élégantes, ont été dessinées d'après Chauveau par Cochin et par De Sene et gravées par Fessard; mais il y a huit dessins originaux des mêmes artistes pour les sujets que n'avait pas illustrés Chauveau, *la Discorde, la jeune Veuve, la Fille*, etc. C'est le travail le plus artistique avant celui d'Oudry; aussi les cuivres ont-ils été employés pour les quatre éditions de 1769, 1770, 1787 et 1808.

Pour apprécier les figures de Chauveau, il faut les comparer avec celles des recueils que La Fontaine lui a mis sous les yeux et que nous avons ci-dessus passés en revue, *Emblèmes d'Alciat*, *Fables de Corrozet*, *Fables de Faërne*, *Figures de Verdizotti*, *Figures de Sadeler*, *Fables de Baudoin*. On voit que, s'il leur a beaucoup emprunté, il est cependant original dans ses meilleures compositions, *la Cigale et la Fourmi*, *la Besace*, *le Loup et les Brebis*, *le Jardinier et son Seigneur*, *le Charlatan*, *le Coche et la Mouche*, *l'Ingratitude et l'Injustice des hommes envers la Fortune*, *le Lion, le Loup et le Renard*, *le Cochon, la Chèvre et le Mouton*.

D'un autre côté, les successeurs de Chauveau ont imité un certain nombre de ses figures en leur donnant un caractère plus artistique. Ainsi Oudry leur doit l'idée de quelques-unes de ses meilleures compositions, *le Rat de ville et le Rat des Champs*, *le Lion devenu vieux*, *le Lion amoureux*, *la Vieille et les deux Servantes*, *l'Homme qui court après la Fortune et l'Homme qui l'attend dans son lit*, *l'Horoscope*, *le Fou qui vend la sagesse*, etc. Simon et Coiny ont aussi fait des emprunts à Chauveau dans *le Loup plaidant contre le Renard par devant le Singe*, *Parole de Socrate*, *le Serpent et la Lime*, *le Rieur et les Poissons*, *le Singe et le Léopard*, etc.

OUDRY ET COCHIN [1]

J.-B. Oudry avait, dans ses moments perdus, composé 276 dessins sur 245 sujets empruntés à La Fontaine [2]. Louis de Montenault les utilisa dans la magnifique édition qu'il publia des Fables de La Fontaine en quatre volumes in-f° de 1755 à 1759. Comme les figures d'Oudry n'étaient que de simples croquis, souvent incorrects, il les fit redessiner par C.-N. Cochin pour les graveurs, le chargea de diriger ceux-ci et de corriger leurs épreuves [3].

Les figures d'Oudry sont les plus grandes qui aient été jamais gravées par l'eau-forte et par le burin : elles ont 19 centimètres de hauteur et 14 centimètres de largeur. Pour en faire connaître la facture, nous en donnons quatorze réductions (hauteur, 14 centimètres ; largeur, 10 centimètres) :

La Cigale et la Fourmi (fig. 40) ;

---

1. Voir, pour la vie et les œuvres d'Oudry, la notice de Villot dans le *Catalogue des Tableaux de l'École française au Musée du Louvre* ; et, pour la vie et les œuvres de Cochin, *l'Art du dix-huitième siècle* par Edmond et Jules de Goncourt, 3ᵉ édition, t. II, p. 51.

2. Il y a 240 fables de La Fontaine, plus *l'Amour et l'Hyménée*, *Philémon et Baucis*, *la Matrone d'Éphèse*, *Belphégor*, *les Filles de Minée*. Plusieurs sujets ont deux planches ; la fable *le Meunier, son Fils et l'Ane* a cinq planches.

3. *L'Art du dix-huitième siècle*, t. II, p. 132.

Le Rat de ville et le Rat des champs (fig. 41);
Contre ceux qui ont le goût difficile (fig. 42);
Le Lion devenu vieux (fig. 43);
Le Lion amoureux (fig. 44);
La Vieille et les deux Servantes (fig. 45);
La jeune Veuve (fig. 46);
L'Homme qui court après la Fortune et l'Homme qui l'attend dans son lit (fig. 47);
L'Horoscope (fig. 48);
Le Fou qui vend la sagesse (fig 49);
Les Poissons et le Berger qui joue de la flûte (fig. 50);
Les Dieux voulant instruire un fils de Jupiter (fig. 51);
Daphnis et Alcimadure (fig. 52);
La Matrone d'Éphèse (fig. 53).

Oudry excellait dans la peinture des animaux à laquelle il s'était particulièrement appliqué[1]. Ainsi, dans *le Lion devenu vieux*, il a composé un groupe où figurent les principaux animaux de La Fontaine : le Taureau, se battant les flancs de sa queue, donne un coup de corne au Lion qui rugit de douleur; le Cheval, après lui avoir lancé une ruade, repose son pied à terre; le Loup tient sa gueule ouverte pour donner un coup de dent; l'Ane avance la tête pour voir ce qu'il pourra faire à son tour.

Pour les insectes et les petits animaux, Oudry s'est borné à remplir son cadre de motifs décoratifs; dans

---

1. Voir les huit tableaux qui sont au Musée du Louvre . *Mitte et Turlu* (levrettes de la meute de Louis XV), *Mignonne et Sylvie* (id), *Blanche* (chienne en arrêt sur un faisan doré), *la chasse au Loup*, un *Chien gardant des pièces de gibier*, *combat de deux Coqs*, *la Ferme*, un *Chien avec une jatte près de lui*. Oudry a d'ailleurs peint d'autres tableaux de chasse dont il reste des estampes ; nous citerons seulement un tableau dédié à Fagon, intendant royal des finances, et gravé par Silvestre, qui représente un Cerf coiffé par des chiens (hauteur, 36 centimètres, largeur, 55 centimètres).

la Cigale et la Fourmi, au lieu d'imiter Chauveau (figure 39), il place la scène sur une terrasse semblable à celle de Saint-Germain, y élève un beau vase sur un piédestal où deux enfants représentent Romulus et Rémus, puis attache à deux fûts de colonnes cannelées une tapisserie (dans le genre de celles qu'il faisait exécuter à la manufacture de Beauvais), où la Cigale s'approche de la Fourmi dans un bois touffu.

Il rend exactement quelques-unes des scènes populaires décrites par La Fontaine[1] ; dans *la Vieille et les deux Servantes* (figure 45), il traduit fidèlement les vers où le poète dépeint l'aspect misérable de la Vieille.

Dans *le Fou qui vend la sagesse* (figure 49), il oppose ingénieusement le faiseur de tours, maigre et misérable, qui vante son art dans un carrefour, et le bourgeois bien nourri et bien vêtu qui se promène pour trouver des occasions de s'amuser et de rire.

Oudry s'est appliqué surtout aux scènes où il pouvait étaler le luxe et l'art de son temps. C'est ainsi que dans *le Rat de ville et le Rat des champs* (figure 41), il a représenté une salle à manger avec boiseries sculptées, tableaux pour dessus de portes, pièce d'orfèvrerie figurant une femme avec un amour, dressoir somptueusement garni, table avec une corbeille remplie de fleurs et entourée de candélabres, un riche tapis étendu à terre ; dans *la jeune Veuve* (figure 46), un magnifique salon orné de tapisseries et de glaces dans l'une desquelles la coquette regarde avec com-

---

[1]. De même, Oudry a illustré *le Roman comique* de Scarron, dans une suite d'estampes qu'il a dessinées et gravées lui-même (hauteur, 32 centimètres; largeur, 44 centimètres). Les trois premières représentent *l'arrivée des comédiens au Mans* (I, 1), *la bataille dans un tripot* (I, 3), *Angélique donne à Ragotin un coup de busc sur les doigts* (I, 10).

plaisance sa toilette ; dans *l'Horoscope* (figure 48), une galerie décorée d'une grande pendule avec un riche piédestal, de tableaux et de tapisseries sur l'une desquelles est brodé le Lion que frappe le jeune prince.

Oudry a traité avec un talent particulier les sujets analogues aux vignettes galantes du temps, *la Bergère* (dans la fable *Contre ceux qui ont le goût difficile*, figure 42), *le Lion amoureux* (figure 44), *Daphnis et Alcimadure* (figure 52), *les Poissons et le Berger qui joue de la flûte* (figure 50), *la Matrone d'Éphèse* (figure 53).

Il a déployé aussi de l'habileté dans les scènes où il a mis en œuvres la mythologie allégorique : *l'Homme qui court après la Fortune et l'Homme qui l'attend dans son lit* (figure 47), *les Dieux voulant instruire un fils de Jupiter* (figure 51).

Les figures d'Oudry et de Cochin ont été copiées dans nombre d'éditions illustrées. La meilleure est celle de Punt, Vinkeles et Delfos, six volumes in-8º, Leide, 1761-1775.

FESSARD

Fessard, célèbre graveur, après avoir travaillé pour plusieurs recueils de fables, a publié pour son compte en six tomes in-8° une édition des Fables de La Fontaine, dont il a fait graver le texte en taille douce, tandis qu'il a gravé lui-même toutes les figures qui ont été dessinées par divers artistes, et qui, par suite, présentent des différences énormes pour la conception et pour le style.

Tome I, 1765. Monnet, qui a dessiné les sujets à personnages, a adopté un style académique qui forme un contresens perpétuel avec la pensée de La Fontaine : les édifices sont d'architecture romaine à colonnes, les personnages ont des vêtements romains ou sont nus ; les hommes ont des visages imberbes, trop petits, sans expression ; les femmes sont d'un type uniforme, d'une taille trop longue. La première figure est une imitation de *la Cigale et la Fourmi* de Chauveau : tandis que des hommes se chauffent sous un abri autour d'un feu qui flambe, une personne s'est mise à genoux pour se dégourdir les mains. — Loutherbourg a dessiné convenablement les sujets à animaux d'après Oudry.

Tome II, 1766, et tome III, 1768. Monnet a fait seul toutes les figures dans le style que nous venons de définir. Il a cependant deux bonnes compositions originales, *le Cheval de Troie* (dans la fable *Contre ceux qui ont le goût difficile*), et *la Fortune et le jeune Enfant,* qui a été souvent imitée.

Tome IV, 1773. Le style des figures de ce tome et des deux tomes suivants forme un contraste complet avec celui des figures de Monnet. Les personnages ont des types français et portent des costumes du temps, comme ceux de Chauveau. Kobell a bien dessiné *la Laitière et le Pot au lait, le Coche et la Mouche.* P. T. Leclerc a représenté ingénieusement, comme Tony Johannot l'a fait après lui, *les Femmes et le Secret*, par trois commères causant dans une cour de ferme ; mais il a eu l'étrange idée de mettre *Démocrite et les Abdéritains* dans un cabinet d'alchimiste avec un alambic, un squelette et un crocodile empaillé qui est suspendu au plafond.

Tome V, 1774. Saint-Quentin a donné un air expressif à ses personnages.

Tome VI, 1775. Bardin a dessiné de bonnes figures parmi lesquelles on distingue *l'Amour et la Folie* (figure 54) : la Folie vient de crever les yeux à l'Amour qui est étendu à terre, et Vénus s'élève sur son char vers le trône de Jupiter pour lui demander vengeance.

VIVIER, SIMON ET COINY

Une des illustrations les plus intéressantes est l'édition dont les 276 figures ont été dessinées par Vivier (peintre, élève de Casanova) et gravées par Simon et Coiny (1796). Les dessins sont pour la plupart originaux. Les tailles des vignettes ont une grande finesse ; malheureusement l'imprimeur Crapelet a employé une encre trop grasse qui a épaissi les traits. Nous en donnons 17 figures [1]. Elles se recommandent par le naturel des attitudes et l'exactitude historique des costumes.

Simonide préservé par les Dieux. (Figure 55.) Castor et Pollux, costumés en guerriers grecs, avertissent Simonide de s'éloigner d'une maison dont le délabrement cause la ruine.

Le Loup plaidant contre le Renard par devant le Singe. (Figure 56.) Dans un sentier d'une montagne, le Singe, assis sur un tertre, coiffé d'un bonnet de juge, tenant dans sa patte gauche une main de justice auprès d'un code, écoute les deux plaideurs avec attention.

---

1. Nous reproduisons les figures d'un exemplaire de choix, relié par Simier, relieur du Roi ; sur le dos est figuré, dans un médaillon, le buste de La Fontaine ; au-dessous du médaillon est représentée la fable *le Renard et la Cigogne*.

Le Meunier, son Fils et l'Ane. La fable est illustrée de cinq planches. (Figure 57.) Le Meunier et son Fils portent l'Ane suspendu à un bâton. (Figure 58.) Le Meunier a fait monter son Fils sur l'Ane; un des trois Marchands l'interpelle. (Figure 59.) Le Meunier est monté à son tour sur l'Ane; une des trois Filles se moque de lui. (Figure 60.) Le Meunier a pris son Fils en croupe; un Passant les réprimande. (Figure 61.) Le Meunier et son Fils font marcher l'Ane devant eux; un Paysan les raille.

Parole de Socrate. (Figure 62.) Socrate préside à la construction d'une petite maison de style grec; il répond aux critiques des deux interlocuteurs.

Le Serpent et la Lime. (Figure 63.) Le Serpent mord une Lime dans un atelier d'horloger, où sont placées des horloges d'une élégance exquise qui représentent les plus beaux modèles du temps.

Le Lion et le Chasseur. (Figure 64.) Le Berger, assis sur un tertre, montre le Lion au Chasseur qui prend la fuite.

Le mal marié. (Figure 65.) Dans une chambre décorée avec élégance, le Mari, assis sur une banquette, où il a placé à côté de lui son chapeau et sa canne, appuie sa tête sur ses bras avec désespoir; la Femme, lui jetant un regard haineux, ouvre la porte pour sortir.

Le Rieur et les Poissons. (Figure 66.) Dans une salle à manger d'un type moderne, sont assis autour d'une table six convives parmi lesquels se trouve une dame qui, selon la mode du temps, a sur la tête un chapeau orné de plumes; le Rieur porte à son oreille le Poisson qu'il interroge.

Le Singe et le Léopard. Le sujet est expliqué dans

deux planches. (Figure 67.) Des curieux sont assemblés devant une baraque ; sur le balcon est étalée une toile où est peint le Léopard ; une femme invite les spectateurs à entrer. (Figure 68.) Le Singe saute avec un cerceau sur un tréteau d'une baraque ; son maître vante ses tours aux spectateurs.

Le Loup et les Bergers. (Figure 69.) Deux Bergers sont assis dans la campagne près d'une pierre qui leur sert de table : l'un découpe un agneau, l'autre exprime sa satisfaction. Un chien ronge un os. Un Loup passe près d'eux et les regarde.

Le Singe. (Figure 70.) Dans la cour d'une ferme, le Singe est assis sur un tonneau, près d'une table où sont placés des verres ; il tient une bouteille de la main droite, et de la gauche chasse sa femme qui s'éloigne en versant des larmes dans son mouchoir.

Un Fou et un Sage. (Figure 71.) Le Sage, vêtu d'un costume romain, se retourne pour regarder le Fou qui, par l'ordre d'un homme en toge, est renversé à terre et battu par deux esclaves.

Vivier, Simon et Coiny ont fort bien illustré les Nouvelles que La Fontaine a jointes à ses fables, *Philémon et Baucis, les Filles de Minée, la Matrone d'Ephèse, Belphégor.* Nous en donnons six figures qui représentent les scènes principales.

PHILÉMON ET BAUCIS. (Figure 73.) Jupiter, du sommet d'une montagne, lance la foudre sur le bourg inhospitalier. Mercure, avec son caducée, assemble les nuages. Philémon et Baucis s'éloignent en regardant le désastre.

LES FILLES DE MINÉE. *Pyrame et Thisbé.* (Figure 72.) Près du rivage, devant le terme de Cerès, Pyrame est étendu à terre. Thisbé prend le poignard dont son amant s'est percé et s'en perce à son tour.

Céphale et Procris. (Figure 74.) Céphale exprime son désespoir en voyant qu'il a percé Procris de son javelot.

Cloris et Télamon. (Figure 75.) Au moment où Cloris et Télamon célèbrent leurs noces à l'ombre d'un orme, un enfant lance un trait qui les perce tous deux.

Les Filles de Minée. (Figure 76.) Bacchus entre dans la salle où les Filles de Minée travaillent près d'une table, devant la statue de Pallas. Il les change en chauves-souris et elles s'envolent au plafond.

BELPHÉGOR. (FIGURE 77.) Le roi de Naples est assis sur son trône. Mathéo, debout au pied d'une potence, devant deux sacs d'écus, ordonne que l'on batte du tambour. La princesse, étendue à terre près de son père, ouvre la bouche dont sort le diable Belphégor qui s'envole dans les airs.

PERCIER

Pierre Didot a publié en 1802 une édition des Fables de Lafontaine en deux volumes in-folio qui est un chef-d'œuvre de typographie. Percier a dessiné pour elle douze planches d'un style architectural qui offre une disposition originale. Chaque planche (sauf les quatre dernières) est formée d'un rectangle qui représente la fable principale, et de deux rectangles latéraux décorés d'arabesques qui par leur ensemble représentent une autre fable. Les deux reproductions que nous donnons expliquent la chose mieux que toute description.

La Laitière et le Pot au lait. (Figure 78.) Dans une rue bordée de monuments qui offrent le style italien de la Renaissance, une Paysanne regarde avec stupeur le pot au lait qu'elle vient de laisser tomber. — Les arabesques représentent *le Chat, la Belette et le petit Lapin* : à gauche, le Chat écoute les deux plaideurs (bonnet de juge, œil, plume, encrier et rouleau) ; à droite, le Chat jette sur eux ses griffes (gibecière, faucon sur un perchoir avec sonnettes).

Les deux Amis. (Figure 79.) Dans le vestibule d'un palais de style oriental, éclairé par un domestique qui porte une torche, un des deux amis tient un sabre de la main gauche et serre son compagnon de la main droite. — Les arabesques représentent *l'Education* : à gauche Laridon fait mouvoir un tourne-broche (ustensiles de cuisine, cochon de lait sur un plateau); à droite, César se repose après la chasse (cor, tête de cerf, têtes de deux sangliers).

Percier a imité plusieurs dessins de Vivier, Simon et Coiny. Sa planche la plus originale est celle de *la jeune Veuve*. Dans une chambre à coucher, la jeune Veuve est à genoux au pied d'une colonne surmontée du buste de son époux. — Dans les arabesques, à gauche, la jeune Veuve se tient devant un miroir ; à droite, les signes du Zodiaque sont figurés sur une roue horizontale qui supporte l'Amour et l'Hyménée tenant un flambeau.

La disposition adoptée par Percier pour les douze planches a été imitée par Bergeret dans l'édition de Ch. Nodier (Eymery, 1818). Bergeret a dessiné pareillement douze planches dont chacune contient un médaillon complété par une ou deux figures. Par exemple, le premier médaillon représente l'*Enfant et le Maître d'école*. Il est suspendu à un arbre, en haut duquel est perché *le Corbeau* tenant dans son bec un fromage, tandis qu'en bas, à droite, *le Renard* lève vers lui la tête. A gauche, au pied de l'arbre, se tiennent *la Cigale et la Fourmi*.

MOREAU [1]

Moreau le jeune a dessiné douze figures dans l'édition de Lefèvre (1814). Elles sont dans le style de David. Nous en reproduisons trois.

Le Chêne et le Roseau. (Figure 80, avant la lettre.) Le Chêne est brisé par le vent; les Roseaux plient au bord d'un ruisseau. Un Berger, sa houlette à la main, oppose au vent une résistance énergique; une Bergère, qu'il soutient d'un bras, plie sous l'effort de la tempête. C'est une charmante interprétation de la fable de Lafontaine.

La Fortune et le jeune Enfant. (Figure 81.) La Fortune, le pied droit sur une boule, réveille l'Enfant endormi sur la margelle d'un puits et lui adresse une réprimande. Baudry, dans son tableau sur ce sujet, a interprété La Fontaine de la même manière.

Le Paysan du Danube. (Figure 82.) Le Paysan prononce sa harangue dans une noble attitude devant le président du sénat; les assistants témoignent leur intérêt par la variété de leurs poses.

Moreau a encore composé une suite de petites vignettes dont quatorze ont été gravées par Milius

---

[1]. Edmond et Jules de Goncourt, *l'Art du dix-huitième siècle*, 3ᵉ édition, t. II, p. 183, Vie et Œuvres de Moreau.

(Rouquette, 1883) : *Chat égyptien fouetté par des enfants* (pour *la Vie d'Ésope*) ; *l'Homme entre deux âges et ses deux Maîtresses ; l'Astrologue qui se laisse tomber dans un puits ; le Meunier, son Fils et l'Ane ; le Loup, la Mère et l'Enfant ; la Vieille et les deux Servantes ; la Discorde ; la Laitière et le Pot au lait ; le Savetier et le Financier ; le Gland et la Citrouille ; le Berger et le Roi ; les Dieux voulant instruire un Fils de Jupiter ; l'Amour et la Folie ; Philémon et Baucis*. D'autres figures avaient été déjà gravées par Duplat dans une édition de Renouard.

LES ILLUSTRATIONS CONTEMPORAINES

Carle Vernet et Horace Vernet[1].

Fables de La Fontaine ornées de figures lithographiques de Carle Vernet, Hipp. Lecomte et Horace Vernet (Lithographie Engelman, 1818-1820, 2 vol. in-4°). Les 132 planches des trois dessinateurs font connaître par d'excellents spécimens les débuts de la lithographie appliquée à l'illustration. Le succès de cette innovation a encouragé d'autres artistes à composer des lithographies isolées : telle est la suite de six planches que Decamps a publiée dans le journal *l'Artiste* de 1830 à 1850[2].

Grandville[3].

Fables de La Fontaine illustrées par Grandville, 1837-1838. (Les 120 dessins de Grandville ont été gravés sur bois par divers artistes; 120 planches ont été ajou-

---

1. Grand-Carteret, *les Mœurs et la Caricature en France*, p. 653, 674.
2. Grand-Carteret, *ibid.*, p. 637.
3. Grand-Carteret, *ibid.*, p 275-281.

tées dans une seconde édition, 1839-1840.) — L'engouement avec lequel furent accueillies les figures de Grandville s'explique par l'oubli où étaient tombées les œuvres excellentes de ses prédécesseurs et par le goût de l'époque pour la caricature. Rien n'est plus contraire à l'esprit de La Fontaine qui ne dépasse jamais les bornes d'une malicieuse parodie (fig. 34). C'est à ce point de vue qu'il faut se placer pour apprécier les fables les plus intéressantes, comme *Conseil tenu par les Rats*. D'ailleurs Grandville a imité Chauveau dans *la Belette entrée dans un grenier, la Vieille et les deux Servantes, le Laboureur et ses Enfants, Phébus et Borée, le Renard, le Singe et les Animaux, le Vieillard et l'Ane, le Lion malade et le Renard, les Animaux malades de la peste, la cour du Lion, le Faucon et le Chapon, Jupiter et le Passager, l'Amour et la Folie;* Oudry, dans *le Lion amoureux, la jeune Veuve, les Souhaits, les Poissons et le Berger qui joue de la flûte.*

Tony Johannot.

Furne a publié en 1852 une édition illustrée de douze figures, dont quatre sont de Moreau et huit de Tony Johannot. La plus intéressante de ces dernières est *les Femmes et le Secret* : dans la cour d'une ferme, une paysanne cause avec une voisine sur le pas de la porte.

Gustave Doré.

L'illustration de La Fontaine la plus complète dans notre siècle est celle que la librairie Hachette a fait dessiner par G. Doré et graver sur bois par d'habiles artistes : une vignette en tête de chaque fable (hauteur, 7 centimètres ; largeur, 16) ; 82 grandes compositions hors texte (hauteur, 23 ; largeur, 19). G. Doré était désigné pour ce travail par son étonnante aptitude pour les vignettes [1]. Il y a déployé toute l'originalité de son talent. Il a d'ailleurs introduit dans son œuvre d'heureuses réminiscences : ainsi, dans la vignette *Contre ceux qui ont le goût difficile,* il a transformé *les Experts* de Decamps [2] en substituant au tableau une statue et aux singes des amateurs du temps de Louis XIV ; dans la composition *le Rat et l'Éléphant,* il a donné au cortège oriental un arrangement qui fait penser à un tableau de Léopold Robert qui est au Musée du Louvre, *l'arrivée des Moissonneurs dans les Marais Pontins.* Dans la composition *la Fortune et l'Enfant,* il a imité le tableau de Baudry. Il s'est servi des figures de Moreau pour *le Paysan du Danube* et pour *Daphnis et Alcimadure.* Il s'est souvent inspiré de Grandville ; mais il a réformé ses personnages grotesques et il a débarrassé les animaux des oripeaux dont ils étaient surchargés.

Eaux-fortes.

Après G. Doré, on a abandonné la gravure sur bois. La librairie Mame de Tours a fait graver à l'eau-forte par Foulquier 50 figures à mi-page. La librairie A. Quantin a publié 75 planches à l'eau-forte de Delierre dans une édition qui a une grande valeur

---

1. Grand-Carteret, *les Mœurs et la Caricature en France*, p. 328-332.
2. *Revue encyclopédique de Larousse,* 1892, p. 855.

artistique. Delierre a gravé un portrait de La Fontaine entouré d'animaux, deux vignettes qui représentent la maison du fabuliste à Château-Thierry et le château de Vaux, et 74 planches qui figurent autant de fables dans des encadrements aussi élégants que variés. Les paysages et les animaux sont ce qui a été fait de mieux en ce genre.

Enfin, outre une édition illustrée par douze peintres, Jouaust a publié en 1885 une petite édition in-12 pour laquelle Adan a dessiné douze figures qui ont été gravées à l'eau-forte par Le Rat.

PEINTURE

Tableaux.

Le Musée du Luxembourg possède trois tableaux relatifs à des fables de La Fontaine :

Gérôme, *Combat de Coqs* : un jeune garçon excite son champion qui est battu, tandis qu'une jeune fille le regarde avec dédain.

Duverger, *le Laboureur et ses Enfants* : toute la famille est rassemblée près du vieillard assis dans son lit où il fait à ses fils ses dernières recommandations.

Daumier, *les Voleurs et l'Ane* : ce tableau, acquis récemment par le Musée, montre l'originalité propre à l'auteur.

La nouvelle Sorbonne est décorée de deux tableaux par Cazin, *Parole de Socrate, l'Ours et l'Amateur des jardins*. Dans le premier, Socrate fait élever par deux ouvriers une maison qui a un vaste horizon sur la mer ; il s'entretient avec un ami et lui montre son plan. Dans le second, au milieu d'un jardin boisé qui jouit d'une belle vue sur la campagne, l'Ours, debout avec un tablier, apporte un pavé pour écraser la mouche qui importune le dormeur assis près de ses instruments de travail.

Tableaux gravés.

Fragonard a peint *la Laitière et le Pot au lait*. Nicolas Ponce en a fait une bonne gravure dont nous donnons la réduction (figure 84) : sur un chemin de village, Perrette a fait un faux pas en sautant et est tombée avec son pot au lait ; elle cache sa tête dans ses mains avec dépit et songe à son rêve évanoui : « Adieu veau, vache, cochon, couvée » ; deux jeunes garçons la regardent en riant, et, se moquant de sa chute, ils expriment à leur manière la conclusion : « Le récit en farce en fut fait. »

Millet, *la Mort et le Bûcheron* (eau forte d'Hédouin)[1] : dans une forêt, la Mort, figurée par un squelette couvert d'un linceuil, tient une faux du bras gauche et tire à elle du bras droit le Bûcheron qui est assis à terre, les deux mains posées sur un fagot.

Decamps, *le Héron* (gravure sur bois de Piaud)[2] : dans un magnifique paysage du midi, l'oiseau pêcheur, dominant le bord d'une rivière qu'il examine, est le héros de la vaste scène.

Philippe Rousseau, *le Rat qui s'est retiré du monde* (eau forte de Bastien de Beaupré)[3] : dans une cave est posé sur une grosse pierre un fromage de Hollande ; le Rat qui s'y est établi avance la tête avec inquiétude pour considérer les quêteurs qui demandent humblement l'aumône.

Baudry a illustré de son pinceau un sujet déjà traité par Moreau, *la Fortune et le jeune Enfant* (fi-

---

1. *Chefs-d'œuvre de l'art au dix-neuvième siècle*, t. II, p. 48. (Librairie illustrée.)
2. Ibidem, t. II, p. 77.
3. Ibidem, t. III, p. 112.

gure 81). Son tableau vient d'être gravé par Jules Jacquet, 1892.

Des tableaux sont esquissés dans les *Salons illustrés*.

J. Albert, *la Mort et le Bûcheron*, 1888.

Curel, *Au plus fort (les deux Coqs)*, 1888.

Foubert, *la Fortune et le jeune Enfant*, 1888.

A. Moreau, *Tabarin* (auteur de la fable *le Gland et la Citrouille*), 1889.

Metzmacher, *le Lion amoureux*, 1888 : dans une chambre gothique, un officier assis dans un fauteuil brode au métier ; une jeune fille le regarde faire en souriant. — *La Cigale*, 1889 : une chanteuse glacée par le froid est assise dans l'angle d'une porte où un chien aboie après elle.

Bouguereau, *Psyché et l'Amour*, conte cité par La Fontaine dans l'épilogue du livre VI, 1889.

Guillon, *le Vieillard et les trois jeunes Hommes*, 1890.

Courtois, *le Lièvre et la Tortue*, 1890.

Gelibert, *Ventre affamé n'a point d'oreilles (le Milan et le Rossignol)*, 1890.

Ph. L. Couturier, *la Préférée (les deux Coqs)*, 1892.

Borchard, *le Chien qui porte à son cou le dîner de son maître*, 1893.

Lhermitte, *la Mort et le Bûcheron*, 1893.

Tableaux photographiés.

Meynier, *la Vieille et les deux Servantes*. (Goupil.)

Nanteuil, *la Chatte métamorphosée en Femme*. (Goupil.)

Lejeune, *le Meunier, son Fils et l'Ane*. (Goupil.)

A. Bonheur, *le Berger et la Mer*. (Goupil.)

Lionel Royer, *l'Amour et la Folie*. (Braun.)

Guillou, *l'Homme entre deux âges et ses deux maîtresses*. (Le Vasseur.)

Chantron, *le Laboureur et ses Enfants*. (Fiorillo.)

Ph. L. Couturier, *le Rat qui s'est retiré du monde ; Conseil tenu par les Rats*. (Lecadre.)

Metzmacher, *la Cigale et la Fourmi* (Goupil) : une chanteuse demande humblement l'aumône à une paysanne placée sur le pas de sa porte ; celle-ci répond par un refus d'un air ironique.

Rougeron, *les deux Coqs* (Lecadre) : dans un cabaret espagnol, un homme emmène une jeune femme qui lui donne le bras ; un autre homme qui la lui a disputée vainement menace de le frapper d'une chaise.

Schlésinger, *le Renard et les Raisins* (Goupil) : les femmes d'un harem lutinent un eunuque noir qui les écarte d'un geste dédaigneux.

Metzmacher a traité d'une autre manière *le Renard et les Raisins* (Lecadre) : un officier de cavalerie lorgne en passant deux jeunes femmes qui se tiennent au balcon d'une maisonnette ; elles le regardent en souriant.

Villa, *le Miroir aux Alouettes* (Braun), d'après *l'Oiseleur, l'Autour et l'Alouette* : deux femmes se tiennent à un balcon ; l'une fait tourner un miroir aux alouettes, l'autre lui parle de cet artifice en souriant.

Aquarelles.

Des peintres ont exécuté des suites d'aquarelles pour illustrer les fables de La Fontaine. Nous citerons seulement celles de G. Moreau parce qu'elles ont été gravées par Bracquemond : *la Cigale et la Fourmi, le Lion amoureux, la Discorde, la Tête et la Queue du Serpent, le Singe et le Chat, le Songe d'un habitant du Mogol*. (Boussod et Valadon.)

SCULPTURE

I. Les fables de La Fontaine ont aussi fourni des sujets à plusieurs sculpteurs.

J. Frère, *les deux Pigeons*, 1888 : une jeune fille, assise sur un banc, a la main gauche posée sur un Pigeon qui regarde un autre Pigeon, et de la main droite serre le cou de son amant.

Aizelin, *le Loup et l'Agneau*, 1892 : un homme entraîne de vive force une jeune fille.

Convers, *la Cigale*, 1892 : une femme debout, une guitare sur le dos.

Chevré, *les deux Coqs* (bronze, 1893) : un garçon porte un Coq prêt à s'élancer sur un rival.

Henriet, *le Rat et l'Huître* (argent, 1893) : un Rat enfonce sa tête dans une Huître.

II. Labatut, dans un bas-relief, envoi de Rome, a figuré *le Meunier, son Fils et l'Ane* : le Meunier est monté sur l'Ane et suivi de son Fils ; trois filles le regardent dans des attitudes moqueuses.

Boutry a composé un autre bas-relief, envoi de Rome, qui représente *l'Amour et la Folie* : l'Amour, les yeux bandés, tient un arc ; la Folie donne à la flèche sa direction.

N. B. Nous nous bornons à passer en revue les principales illustrations de la Peinture et de la Sculpture. Les fables de La Fontaine ont encore fourni matière à des figurines de toute nature, à des tapisseries, etc. Notre cadre ne nous permet pas de nous en occuper.

LES
FABLES DE LA MOTTE

ICONOGRAPHIE

DES FABLES DE LA MOTTE

Houdard de la Motte composa en 1719 cent fables sur des sujets nouveaux et les dédia à Louis XV, âgé de neuf ans, comme La Fontaine avait dédié ses fables au Dauphin. Afin de les rendre intéressantes pour le jeune prince, il les fit illustrer de cent vignettes par Gillot avec le concours de C.-A. Coypel, de J. Ranc et de B. Picart.

> Apollon m'a dicté cent fables
> Que je consacre au jeune Roy ;
> Utiles, on le dit. Pour les rendre agréables,
> Il faut cent estampes, je croy.
> C'est pour Louis, il les faut belles.
> Finissons, que coûteront-elles ?
> Deux mille écus. Or voilà bien de quoi.
> (*L'Aigle et l'Aiglon*, à Monseigneur le duc d'Orléans.)

Le frontispice, dessiné par Coypel et gravé par

Tardieu, a 18 centimètres de hauteur et 13 centimètres de largeur. Nous en donnons ici une réduction (figure 84). Louis XV, vêtu d'une cotte élégante et couvert d'un manteau d'hermine, est assis sur un trône ; il regarde Minerve qui, debout à sa droite, lui montre la Fable et la Vérité. La Fable, à genoux devant le jeune prince, tient de la main droite une marotte et désigne de la main gauche la Vérité. Son attitude est expliquée par deux vers.

> La Fable exerce ici son humble autorité.
> Elle ose, même aux Rois, montrer la Vérité.

Les cent vignettes sont, par le dessin et par la gravure à l'eau-forte, de bons spécimens de l'art au commencement du dix-huitième siècle. Nous en reproduisons six.

La loterie de Jupiter (figure 85, dessinée par Coypel et gravée par Tardieu).

Jupiter, assis sur un nuage, son sceptre en main, ayant son aigle à sa droite, préside au tirage d'une loterie qu'il a établie pour les hommes et les Dieux : d'un côté se tiennent Junon avec son paon et Vénus étalant ses charmes ; de l'autre, Mars couvert d'une cuirasse et Hercule avec sa massue. Le Sort, les yeux bandés, tire de l'urne les lots qui sont inscrits par Mercure ; il présente à Minerve le gros lot, qui est la Sagesse (tandis que les hommes, n'ayant pu l'obtenir, se dédommagent avec la Folie).

Les deux Songes (figure 86, dessinée par Ranc, gravée par Tardieu).

La vie humaine s'explique par deux Songes, l'un blanc et l'autre noir. Le Songe blanc, caractérisé par des ailes de papillon, rend heureux par d'agréables illusions un esclave étendu sur un grabat ; il tient sur sa tête une couronne de Sultan et lui présente une palme, symbole de victoire. Le Songe noir, caractérisé par des ailes de démon, trouble le sommeil d'un Sultan couché sur un lit somptueux, devant lequel brûle un délicieux parfum ; il l'épouvante par la vision d'un poignard (dont une Sultane le frappe) et de chaînes (dont le charge un ennemi vainqueur).

Le Fromage (figure 87 composée par Gillot et gravée par Simoneau).

Deux Chats, ayant volé un fromage et voulant qu'il soit partagé équitablement, l'ont placé sur un escabeau à gauche du juge qu'ils ont choisi, et se tiennent devant lui sur les bancs du tribunal. Le juge est le Singe dom Bertrand, vêtu d'une toge avec rabats et coiffé d'une toque selon l'usage (il a d'ailleurs derrière lui des sacs à procès, des requêtes et des volumes de droit). A la demande des deux Chats, il a fait deux parts du fromage, les a placées dans les plateaux d'une balance, la tient de la main droite pour voir si elles sont en équilibre, puis, d'un couteau qu'il a dans la main gauche, il se prépare à enlever un morceau du côté qui penche (il le mange ensuite, et, grâce à son manège, ne laisse rien aux plaideurs).

Le Renard prédicateur (figure 88 dessinée et gravée à l'eau forte par Gillot).

Dans un poulailler, un Renard est monté sur une pierre où il débite une harangue comme un prédicateur dans une chaire. Des Poules et des Oies l'écoutent avec admiration. (Il enseigne que l'on doit se nourrir d'herbes et de fruits ; mais, quand son sermon sera fini et que l'auditoire se sera retiré, si une Poule vient le consulter, il la dévorera.)

L'Horoscope du Lion (figure 89 dessinée et gravée à l'eau forte par Gillot).

Sur un théâtre de foire, un dompteur fait des tours avec un lion enchaîné qu'il a apprivoisé. Un Singe, tenant une latte semblable à celle d'Arlequin, parade de son côté avec le Lion. (Il ne le redoute point, parce qu'il lui a prédit que tous deux mourraient ensemble. Mais un jour il fourrera sa tête dans la gueule du Lion qui l'étranglera et s'étranglera lui-même avec le collier de son compagnon.)

La Rave (figure 90 faite dans l'atelier de Gillot).

Un Seigneur, ayant appris que le Roi avait donné cent louis à un paysan pour lui avoir offert une Rave fort grosse, lui présente dans la cour du château un coursier d'Espagne. Le Roi, pour s'acquitter envers lui, fait apporter et lui donne la Rave.

En résumé, l'illustration des Fables de la Motte contient des figures assez différentes par le dessin et par la gravure.

Gillot a exécuté 38 eaux fortes, dessiné 23 figures qu'il a données à graver à d'autres artistes, et fait composer dans son atelier 23 figures non signées.

Coypel a dessiné 18 figures mythologiques qui ont été gravées par Tardieu.

Ranc a dessiné 7 figures gravées par Tardieu et par Edelinck.

B. Picart a dessiné et gravé 3 figures.

LES
FABLES DE DORAT

ICONOGRAPHIE

DES FABLES DE DORAT

Dorat a publié en 1772, à la Haye et à Paris chez Delalain, quatre-vingt-trois *Fables nouvelles*[1]; pour illustrer le volume, il a fait composer par Marillier deux frontispices que nous reproduisons (fig. 91 et fig. 92), un fleuron (*Buste de Dorat* décoré par trois amours, dont un tient une couronne sur la tête de l'auteur, le second arrange des fleurs au pied du buste et le troisième dresse des guirlandes), une vignette (*la toilette de la Fable* parée par trois nymphes) et un cul-de-lampe (*la Pie bel-esprit* : la Pie a groupé autour d'elle un Hibou, une Oie, un Canard et un Dindon, tandis que l'Aigle la fuit en s'élevant dans les airs).

En 1773, il a donné une seconde édition où le nombre des fables est porté à quatre-vingt-dix-neuf

---

[1]. Dorat a fait des emprunts à des fabulistes allemands, Lessing, Gellert, Hagedorn

avec un nombre égal de vignettes dessinées par Marillier et gravées à l'eau-forte par De Launay, De Ghendt, Née Ponce, Masquelier, De Longueil, etc. Il a voulu évidemment recommander son œuvre auprès des amateurs par le talent des artistes qui l'illustraient[1].

Le premier frontispice (dessiné par Marillier et gravé par De Launay) offre un tableau allégorique (figure 91). Le Temps écarte les nuages de sa main et souffle sur eux pour ouvrir un passage à un rayon de lumière. La Vérité, dont la chaste nudité fait ressortir l'air austère, reçoit ce rayon sur son miroir et le renvoie à la Fable. Celle-ci, couronnée de fleurs et richement parée, décompose à son tour le rayon avec un prisme de verre et en projette sur le globe terrestre les diverses couleurs dont elle embellit ses fictions symbolisées par un masque. La scène se résume dans le flambeau que tient un petit amour pour éclairer les hommes.

Le second frontispice (dessiné par Marillier et gravé par De Ghendt, figure 92) offre un tableau mythologique. La Terre y est symbolisée par le buste de Cybèle, placé sur un autel d'où une source abondante tombe dans un bassin rempli de poissons. Des quadrupèdes, des reptiles, des oiseaux et des insectes sont groupés dans des attitudes expressives devant le bassin et autour de la balustrade qui protège le buste. La figure fait ainsi embrasser d'un coup d'œil tous les acteurs qui figurent dans les fables.

---

1. Les poètes du dix-huitième siècle ont abusé des vignettes. Grimm dit à ce propos : « Messieurs, vous vous faites trop imprimer Si vous ne finissez, nous dirons incessamment que vous vendez les jolies images de M. Eisen pour faire passer vos vers qui ne le sont pas du tout. » (Edmond et Jules de Goncourt, l'*Art du dix-huitième siècle*, t. II, p. 153.) — Voir plus loin trois vignettes d'Eisen, fig. 97, 98, 99.

Les vignettes des fables de Dorat sont, comme celles de La Motte, de bons spécimens de l'art du dix-huitième siècle. Nous en reproduisons quatre.

La Fable et la Vérité (figure 93, dessinée par Marillier et gravée par De Ghendt).

La Vérité s'était vantée d'être immuable et d'exister dans tous les temps. La Fable lui avait répondu que sa nudité était passée de mode et qu'elle avait besoin d'être parée pour plaire. La vignette met cette pensée en action (figure 93, dessinée par Marillier et gravée par De Ghendt). La Fable, élégamment parée, a pour attribut le masque qu'un amour tient derrière elle. Elle a posé un riche manteau sur les épaules de la Vérité qui tient son miroir. Elle place actuellement dans ses cheveux une branche de fleurs qu'elle a prise dans une corbeille portée par un enfant.

Le Bureau et la Toilette (figure 94, dessinée par Marillier et gravée par De Longueil).

Dans le magasin d'un Persan dialoguent entre eux un Bureau qui avait servi à un Ministre Turc et une Toilette qui avait servi à une Sultane. Le Bureau est personnifié par un enfant coiffé d'un turban, et la Toilette par un petit amour qui raille son interlocuteur en portant un doigt à sa bouche. Le premier rappelle que le Ministre a rédigé sur le Bureau les actes les plus importants pour l'État, et le second répond que la Sultane en se parant devant la Toilette s'est donnée des grâces séduisantes au moyen desquelles elle a obtenu du Sultan tout ce qu'elle lui demandait.

Jeannot et le Frelon (figure 95, dessinée par Marillier et gravée par Seveau).

Dans un jardin où il cueillait des fruits, Jeannot, un jeune enfant, a été piqué par un Frelon. Pour se venger, il l'a attrapé, et, le tenant dans sa main gauche, il se prépare à l'écraser. Le Frelon demande grâce, en donnant pour excuse qu'il a cédé à son instinct, et Jeannot lui répond qu'il écoutera son instinct à son tour en écrasant l'insecte qui l'a piqué.

Le Laboureur et le Bourgeon (figure 96, dessinée par Marillier et gravée par Masquelier).

Dans la cour d'une ferme, un Laboureur considère le Bourgeon d'une vigne. Son compagnon lui dit qu'il ne s'intéresse qu'aux fleurs et aux fruits ; le Laboureur répond que son âge ne lui permettant pas de compter sur le lendemain, il s'empresse de jouir du présent.

Eisen.

Dorat a fait illustrer ses *Contes* par Eisen[1]. Pour donner une idée de son talent, nous reproduisons un gracieux cul-de-lampe (fig. 97). L'Amour, dépouillé de ses ailes, s'appuie sur le bord d'un panier rempli de fleurs en dehors duquel il balance son carquois et son flambeau. Zéphyre plaisante de la captivité du dieu volage et Flore le regarde avec un aimable sourire.

Eisen ne s'est pas exercé seulement sur des sujets badins, comme celui que nous reproduisons. Il a illustré aussi des sujets empruntés à l'antiquité, comme Ulysse et Circé de l'*Odyssée* et le Berger des *Géorgiques* de Virgile, traduites par Delille.

Ulysse et Circé (figure 98, dessinée par Eisen et gravée par Pasquier).

Circé a vu Ulysse jeter à terre la coupe empoi-

---

1. Edmond et Jules de Goncourt, *l'Art du dix-huitième siècle*, t. II, p. 139.

sonnée qu'elle lui présentait ; elle a laissé tomber la baguette magique dont elle l'a inutilement frappé pour le changer en pourceau, comme elle a fait de ses compagnons ; elle l'invite à venir partager son lit, que l'on aperçoit par l'ouverture de la porte. Ulysse, de son côté, la menace de la percer de son glaive si elle ne s'engage par un serment solennel à ne plus lui dresser d'embûches. — La vignette représente d'une manière fidèle la scène du livre X de l'*Odyssée* d'Homère.

Le Berger (figure 99, dessinée par Eisen et gravée par De Née).

Le Berger des *Géorgiques* fait paître dans une prairie ses génisses et ses moutons, que son chien l'aide à garder. Assis à l'ombre d'un arbre, il joue sur sa musette un air champêtre.

L'art dans les fables au dix-huitième siècle.

Maintenant que nous sommes arrivé à Marillier et à Eisen, nous pouvons résumer en quelques traits l'art dans les fables au XVIIIe siècle. Chauveau est simple et ingénieux dans ses dessins, mais comme il ne fait usage que du burin sans eau forte et que d'ailleurs il appuie trop fortement sur le cuivre, ses tailles se traduisent au tirage par des noirs intenses. Gillot renouvelle l'art en revenant aux procédés de Jacques Callot ; par un emploi ingénieux de l'eau forte, il traduit avec précision et naturel dans ses vignettes les paysages, les animaux, les personnages avec les costumes et avec les intérieurs. Aux reproductions que nous avons données, on peut joindre l'excellente eauforte des *Grillons*. Dans un cabinet décoré de tableaux, meublé d'un grand fauteuil et d'une somptueuse table à écrire, une jeune femme, mise avec élégance dans le goût de l'époque, se tient drapée dans sa toilette avec un éventail, dans l'espoir de plaire au juge dont elle attend une audience et qu'on voit venir par une porte ouverte. C'est le modèle de la *jeune Veuve* d'Oudry et de Cochin (figure 47). Ceux-ci à leur tour ont déployé toutes les ressources de l'art du dessin et de la gravure pour composer une suite d'estampes dont le travail n'a pas été surpassé. Marillier, aidé par d'habiles graveurs, a, pour les deux frontispices de Dorat, montré ce que peut un esprit ingénieux dans la composition avec la finesse et la délicatesse dans l'exécution. Vivier, Simon et Coiny ont porté à sa perfection le talent de faire tenir dans une petite vignette une scène complète avec tous ses détails. Cependant le chef-d'œuvre de l'art dans les fables nous paraît être la gravure que Nicolas Ponce a donnée du tableau de Fragonard, *la Laitière et le Pot au lait* (figure 83).

LES

FABLES DE FLORIAN

ICONOGRAPHIE

DES FABLES DE FLORIAN

Les Fables de Florian ont été illustrées pour la première fois en 1792 dans les *Œuvres* imprimées par P. Didot l'aîné. Les vignettes des Fables de Dorat ont servi de modèles, mais n'ont pas été égalées. D'ailleurs l'illustration se borne au portrait de Florian et à cinq vignettes gravées à l'eau forte, une pour chaque livre.

Portrait de Florian (figure 100, dessinée par Villers, gravée par Gaucher).

Le buste de Florian est placé dans un cadre décoré de fleurs et de feuillage, avec des attributs qui symbolisent ses diverses compositions : à droite, un bouclier, une épée, une lance et une trompette (pour *Gonzalve de Cordoue*) ; à gauche, un masque (pour le Théâtre), une houlette et un chapeau de berger (pour les Églogues), une lyre (pour les Poèmes).

Au-dessous du buste est figuré un petit frontispice

des Fables, *le Lapin et la Sarcelle :* la Sarcelle fait passer l'eau au Lapin dans un nid de canards pour le soustraire aux chasseurs.

La Fable et la Vérité (figure 101, dessinée par Flouest, gravée par de Longueil).

La Fable, richement vêtue, avec un diadème et un panache de plumes sur la tête, étend son manteau sur la Vérité, qui tient son miroir sur son sein. (Voir ci-dessus les figures 85, 91, 93.)

La Mère, l'Enfant et les Sarigues (figure 102, dessinée par Flouest et gravée par Gaucher).

Une Péruvienne, assise à l'ombre d'un arbre, montre à son enfant une Sarigue dans la poche de laquelle ses petits viennent de se blottir.

Quéverdo.

Quéverdo a composé de jolies vignettes pour les Contes et pour les autres œuvres de Florian ; nous donnons comme exemple la vignette qui représente le dénouement du *Cheval d'Espagne* (figure 103 dessinée par Quéverdo et gravée par Delignon).

Un Cheval d'Andalousie était élevé dans une riche ferme et choyé de tous. Il n'avait d'autre fonction que de porter la fermière dans ses courses. Ennuyé de cette vie monotone, il s'était échappé un jour et s'était joint à un régiment de cavalerie qui allait livrer bataille. Blessé et abandonné, il avait été recueilli par un meunier qui l'avait guéri et l'avait fait servir à son usage. Un écuyer l'ayant rencontré l'avait acheté pour le roi ; par suite, le fils du roi l'avait monté afin de se promener par la ville le jour de sa fête, et dans cette promenade notre cheval avait rencontré son ancienne maîtresse. — C'est le dénouement que représente la vignette de Quéverdo. — Le cheval, ayant couru vers la fermière, hennit de plaisir, et celle-ci le caresse; l'infant étonné est descendu de dessus lui, se fait raconter son histoire et le rend à son ancienne maîtresse.

Moreau.

Moreau a dessiné quatre vignettes pour les Fables de Florian (édition de Ladrange, 1829), *la Fable et la Vérité, le Château de cartes, l'Amour et sa Mère, le Voyage.* Nous en reproduisons une.

L'Amour et sa Mère (figure 104, dessinée par Moreau et gravée par Roger).

Vénus est portée sur un dauphin et interpelle l'Amour qui lance des traits.

>   Comme ils approchaient du rivage,
> L'Amour qu'elle portait s'échappe de ses bras,
> Et lance plusieurs traits, en criant : « Terre ! Terre ! »
> « Que faites-vous ? mon fils, lui dit alors sa mère.
> — Maman, répondit-il, j'entre dans mes États. »

Grandville.

Grandville a dessiné pour les Fables de Florian des vignettes analogues à celles qu'il avait faites pour La Fontaine et qui ont été pareillement gravées sur bois. Elles sont très inégales : dans *la Fable et la Vérité,* la Fable a l'air grotesque d'une saltimbanque ; au contraire, dans *le Chat et les Rats,* la scène est d'un comique qui égale celui du *Conseil tenu par les Rats.*

Émile Adan.

Émile Adan a dessiné pour les Fables de Florian cinq vignettes qui ont été gravées à l'eau forte par Le Rat (édition Jouaust). Elles ont les mêmes qualités que celles qu'il a exécutées pour La Fontaine.

Peinture et Sculpture.

Grandchamp a composé sur *la Fable et la Vérité* un tableau photographié par Lecadre. Dans une solitude encadrée d'un côté par des arbres et de l'autre par des rochers, la Vérité, nue, est assise sur des ruines; elle appuie son bras droit sur une pierre, et elle laisse pendre son bras gauche qui soutient un miroir; elle tourne ses yeux vers la Fable, qui la regarde d'un air souriant. Celle-ci est vêtue d'une robe à ramages et parée de deux colliers; de la main gauche, elle retient les plis de son manteau; de la main droite, elle lève un pan de son manteau et en couvre la Vérité.

Godet a sculpté un gracieux groupe sur le même sujet. La Vérité, nue, se tient debout près de la Fable et la regarde. La Fable, assise sur un siège de pierre, parée d'une riche ceinture, tient dans sa main droite la main droite de la Vérité, et de son bras gauche l'attire à elle d'un air bienveillant.

ALBUM DES FIGURES

Les figures ont été disposées dans l'ordre chronologique de manière à former une histoire documentaire de l'art depuis l'antiquité jusqu'à la fin du dix-huitième siècle. Nous les avons séparées du texte pour qu'il soit plus facile d'embrasser l'ensemble de chaque œuvre et de comparer les éléments de chaque époque. Pour l'intelligence et l'appréciation de chaque figure, il suffit de se reporter au texte dont la page est indiquée dans la légende.

Nous avons profité de ce que les figures forment un album pour les tirer en sanguine, dont la teinte est préférable à la crudité du noir et du blanc. On a, au Musée du Louvre, des dessins à la sanguine de Raphael, du Corrège, du Dominiquin, etc. Au siècle dernier, la sanguine fut employée préférablement à tout autre crayon par les peintres et les graveurs : Bouchardon, Carle Vanloo, Boucher, Cochin, Greuze, etc., ont laissé d'excellents dessins de ce genre.

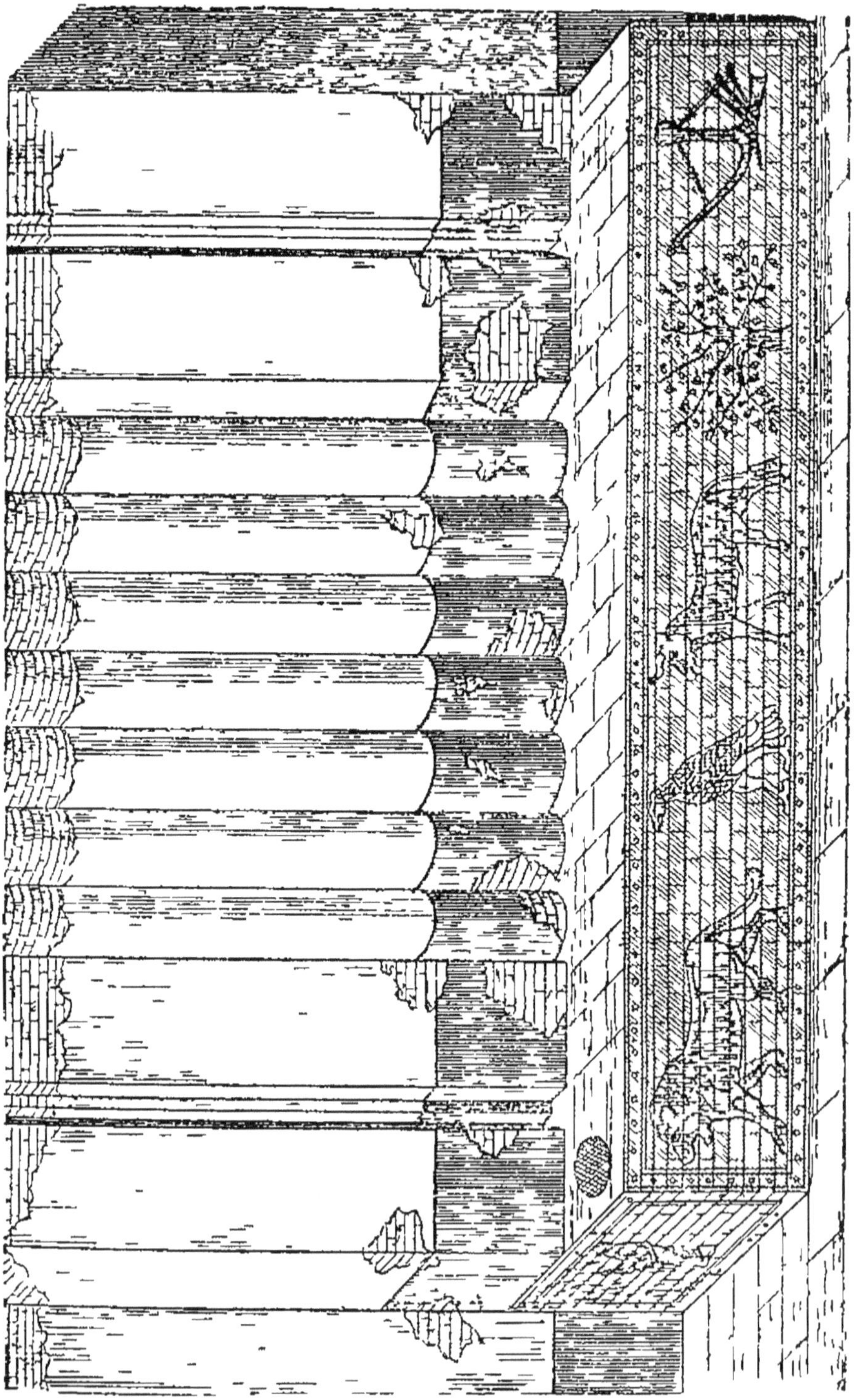

1. Roi, Lion, Aigle, Taureau, Figuier, Charrue, p. 6.

2. Héros perçant un Lion de son glaive, p. 7.

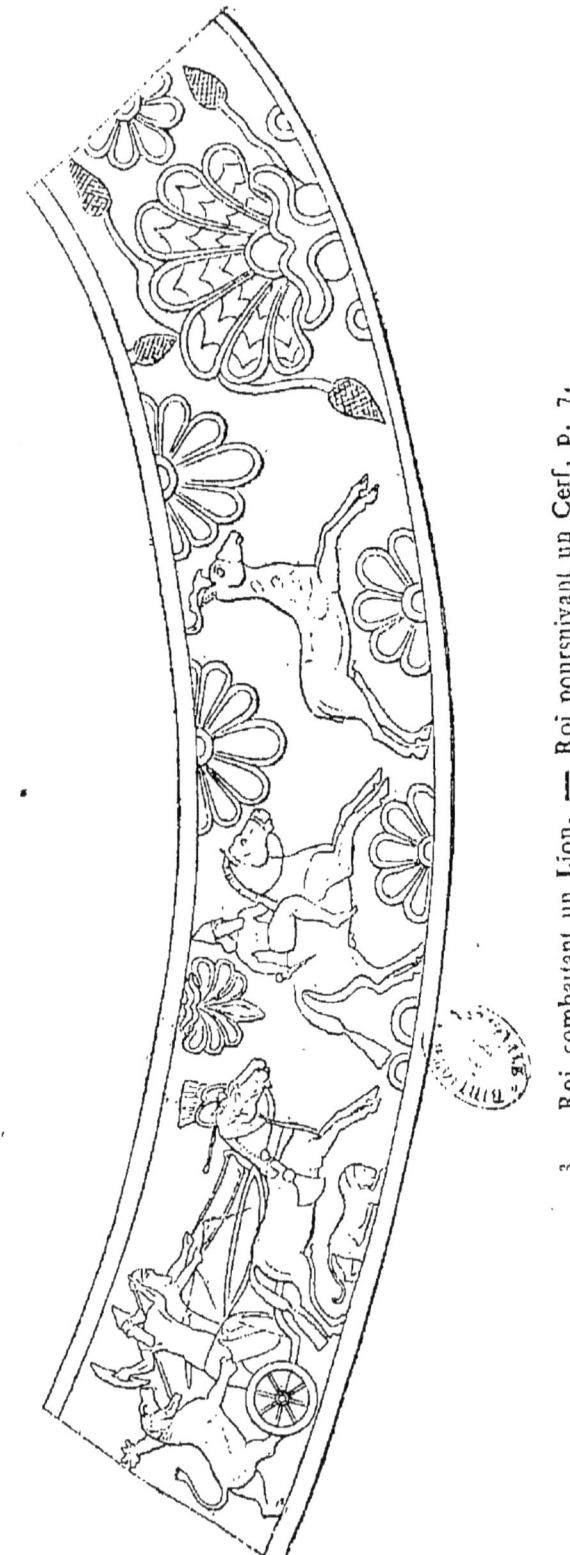

3. Roi combattant un Lion. — Roi poursuivant un Cerf, p. 7.

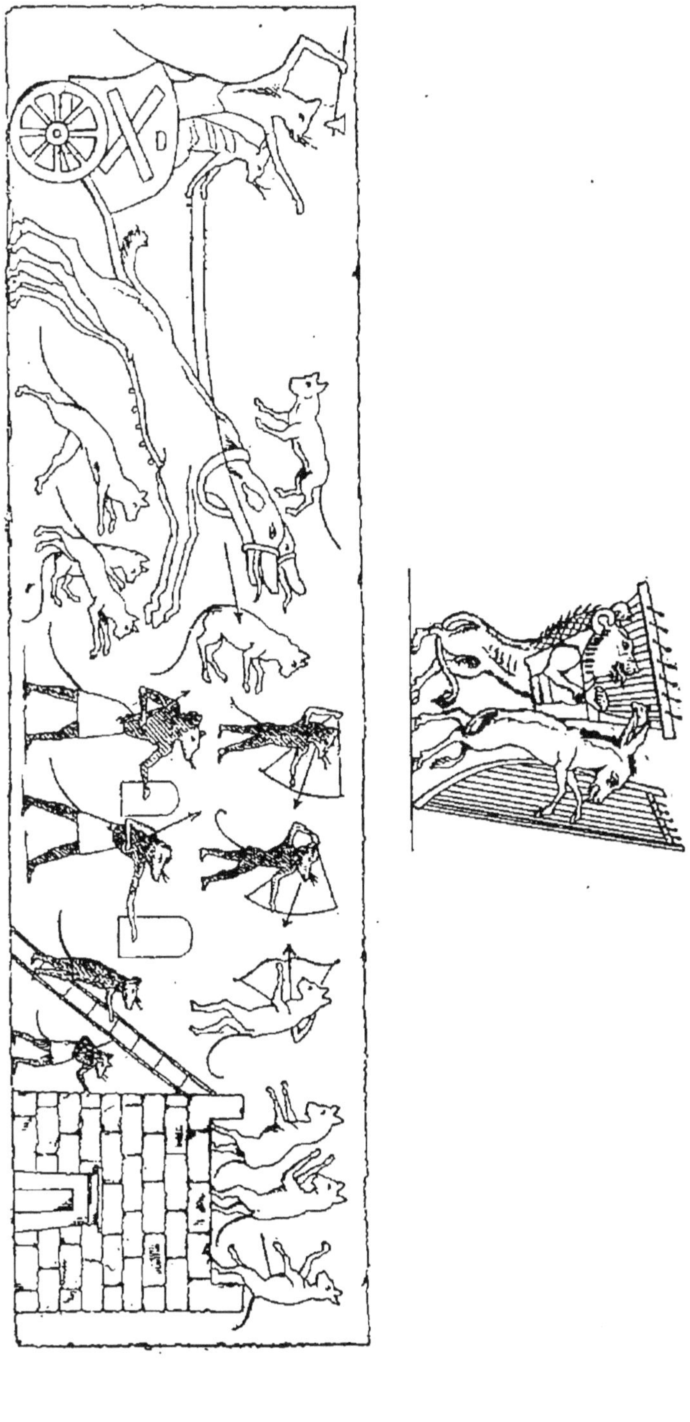

4. Combat des Rats et des Chats. — L'Ane jouant de la harpe, p. 11.

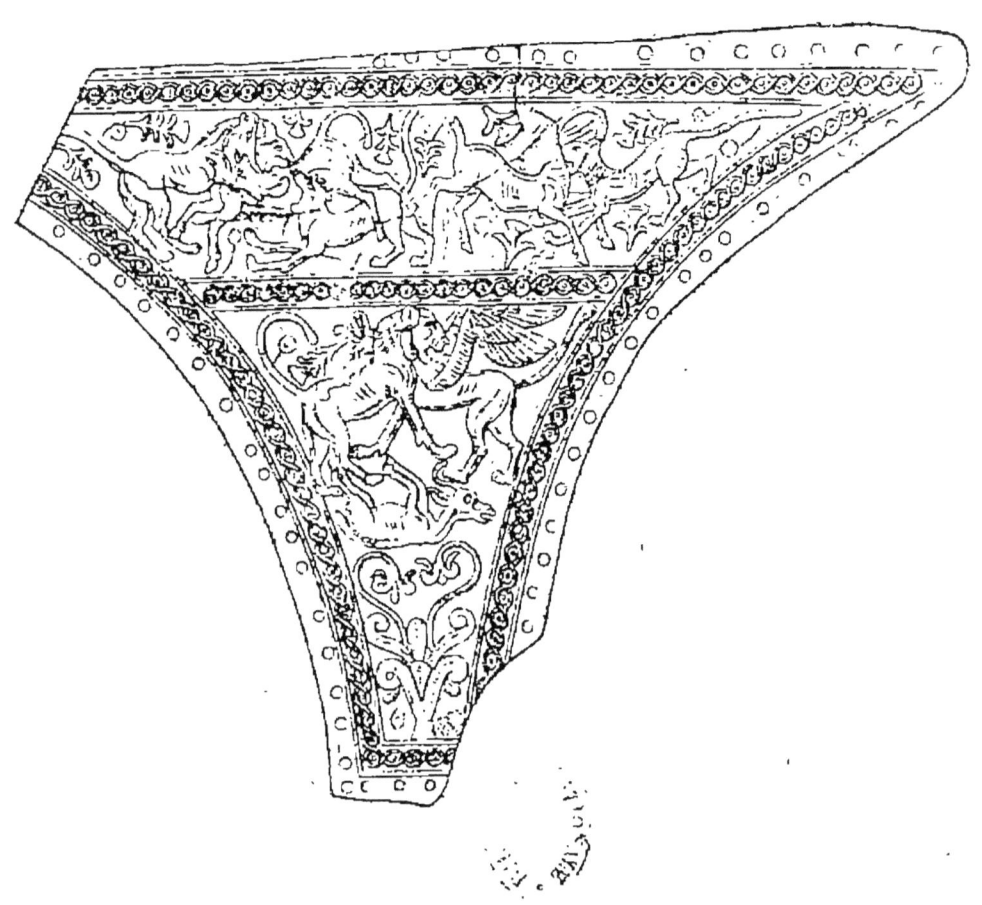

5. Lion et Griffon se disputant une Antilope, p. 13.

126 ICONOGRAPHIE ORIENTALE.

6. Coupe de Palestrina, p. 14.

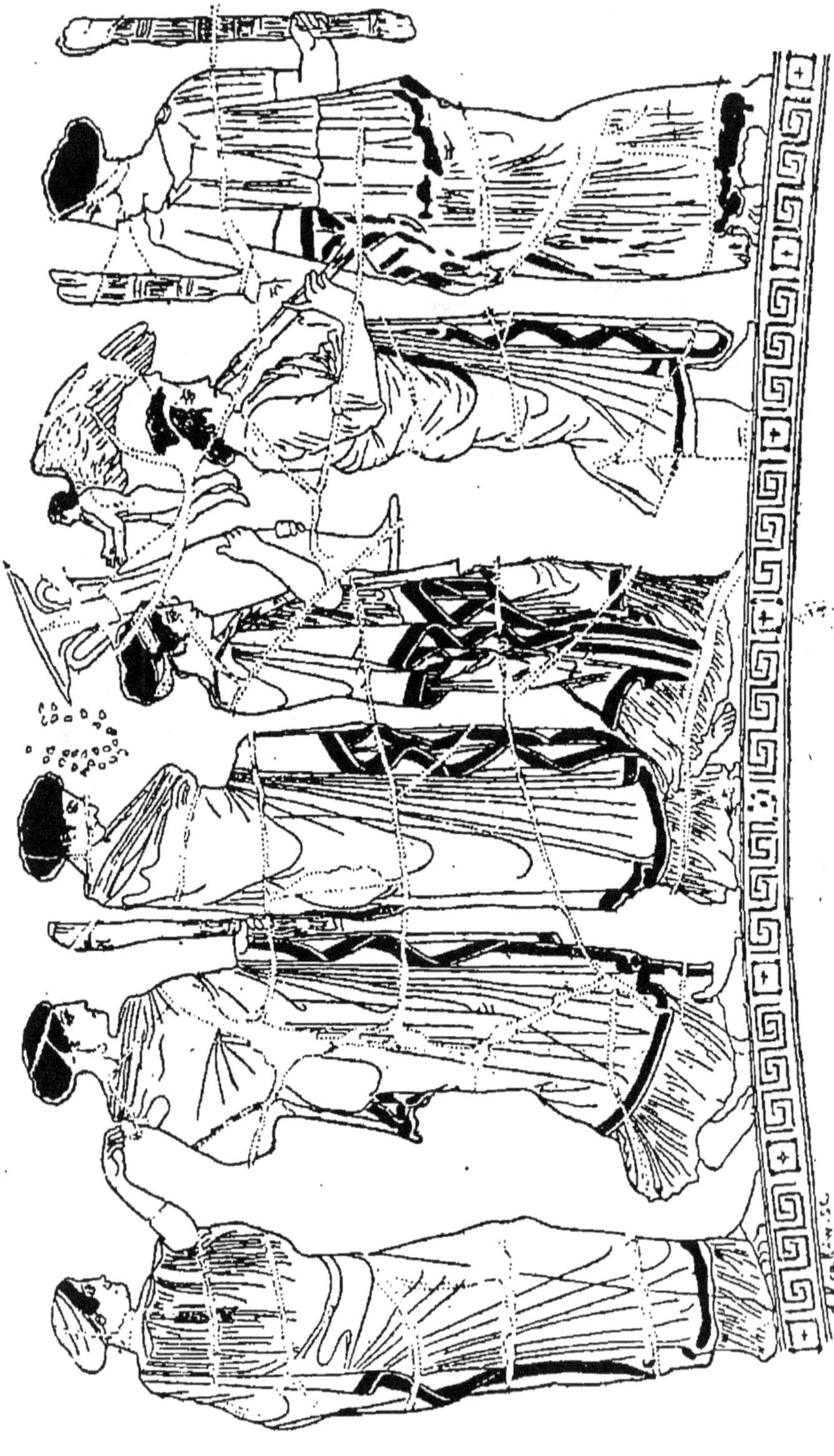

ICONOGRAPHIE GRECQUE ET ROMAINE 127

7. — Cortège nuptial, p. 17.

8. Prométhée façonnant l'Homme, p. 18.

9. Le Chêne et l'Hamadryade. — L'Anier, l'Ane, le Crocodile, p. 18.

10. Le Crocodile et les deux Enfants, p. 19.

11. Mercure donnant une bourse d'or à Cérès, p. 19

12. Le Lion et les Taureaux, p. 20.

13. Combats de Coqs, p. 20.

14. Ulysse, Elpenor, Circé, p. 21.

15. Le Lyon amoureux, p. 21.

136   ICONOGRAPHIE DU MOYEN AGE

16. La Souris de Ville et la Souris de Village, p. 23.

17. Les Rats rongeant le globe, p. 24.

18. Arion, p. 28.

19. Les deux Amis et l'Ourse, p. 30.

20. Nul n'est content de son sort. p. 31.

21. Le Pot de terre et le Pot de bronze, p. 33.

22. Le Loup et les Brebis, p. 35.

23. Le Théâtre des mœurs, p. 37.

144   ICONOGRAPHIE DE LA RENAISSANCE

24. Le Rat et l'Huître, p. 38.

25. L'Ane vêtu de la peau du Lion, p. 39

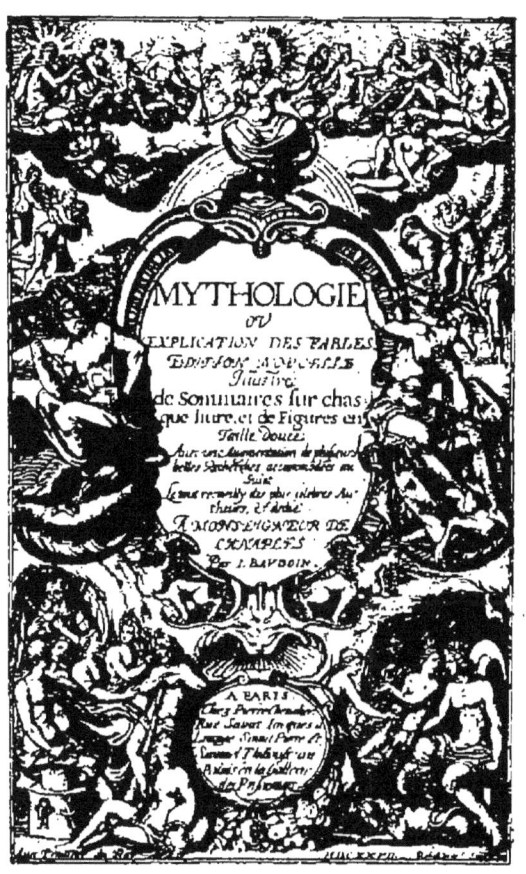

26. Frontispice de la Mythologie de Baudoin, p. 39.

27. Esope et l'Amour, p. 42.

28. Le Serpent à plusieurs têtes et le Serpent à plusieurs queues, p. 42.

29. La Cigale et la Fourmi, p. 48.

30. La Besace, p. 48.

31. Les Loups et les Brebis, p. 53.

32. Le Jardinier et son Seigneur, p. 54.

33. — Le combat des Rats et des Belettes., p. 54.

34. Le Lion s'en allant en guerre, p. 57.

35. Le Charlatan, p. 59.

37. L'ingratitude et l'injustice des hommes envers la Fortune, p. 61.

38. Le Lion, le Loup et le Renard, p. 61.

39. Le Cochon, la Chèvre et le Mouton, p. 62.

40. La Cigale et la Fourmi, p. 75.

41 Le Rat de ville et le Rat des champs, p. 75.

42. Contre ceux qui ont le goût difficile, p. 76.

43. Le Lion devenu vieux, p. 74.

44. Le Lion amoureux, p. 76.

45. La Vieille et les deux Servantes. p. 75.

46. La jeune Veuve, p. 75.

17 L'Homme qui court après la Fortune et l'Homme qui l'attend dans son lit, p. 76.

48. L'Horoscope, p. 76.

49. — Le Fou qui vend la sagesse, p. 75.

50. Les Poissons et le Berger qui joue de la flûte, p. 76.

51. Les Dieux voulant instruire un Fils de Jupiter, p. 76.

52. Daphnis et Alcimadure, p. 76.

53. La Matrone d'Ephèse, p. 76.

54. L'Amour et la Folie, p 78.

55. — Simonide préservé par les Dieux, p. 79.

176   LES FABLES DE LA FONTAINE

56. — Le Loup plaidant contre le Renard par devant le Singe, p. 8

57. Le Meunier, son Fils et l'Ane, planche 1. p. 57.

58. Le Meunier, son Fils et l'Ane, planche 2, p. 80.

59. Le Meunier, son Fils et l'Âne, planche 3. p. 8.

60. Le Meunier, son Fils et l'Ane, planche 4, p. 80.

63. Le Meunier, son Fils et l'Ane, planche 5, p. 80.

62. Parole de Socrate, p. 80.

63. Le Serpent et la Lime, p. 80.

64. Le Lion et le Chasseur, p. 80.

65. Le mal Marié, p. 82.

66. Le Rieur et les Poissons, p. 80.

67. Le Singe et le Léopard, planche 1, p. 81.

68. Le Singe et le Léopard, planche 2, p. 81.

69. Le Loup et les Bergers, p. 81.

72. — Le Singe, p. 81.

71. Un Fou et un Sage, p. 81.

72. — Philémon et Baucis, p. 84.

73. Pyrame et Thisbé, p. 81.

74. Céphale et Procris, p. 82.

75. Cloris et Télamon. p. 82.

76. Les Filles de Minée, p. 82.

77. Belphégor, p. 82.

78. La Laitière et le Pot au lait. — Le Chat, la Belette et le petit Lapin, p. 83.

79. Les deux Amis. — L'Éducation, p. 83.

80. Le Chêne et le Roseau. p. 85.

LA FORTUNE ET LE JEUNE ENFANT

Fable XI, Livre V.

81. La Fortune et le jeune Enfant, p. 85.

LE PAYSAN DU DANUBE.

Fable 7, Livre XI.

84. La Fable et la Vérité, p. 100.

85. La Loterie de Jupiter, p. 108.

86. — Les deux Songes, p. 100.

187. — Le Fromage, p. 161.

88. . Le Renard prédicateur, p. 161.

89. L'Horoscope du Lion, p. 192.

90. La Rave, p. 102.

191. — Frontispice allégorique. La Fable et la Vérité, p. 106.

92. Frontispice mythologique. Cybèle et les animaux, p. 106.

91. — La Fable et la Vérité; p. 107.

95. Jeannot et le Frelon, p. 107.

96. Le Laboureur et le Bourgeon, p. 108.

97. L'Amour, Zéphir et Flore, p. 108.

98. Ulysse et Circé, p. 108.

LES FABLES DE DORAT 219

99. Le Berger des Géorgiques, p. 109.

100. Buste de Florian. — Le Lapin et la Sarcelle, p. 113.

101. La Fable et la Vérité, p. 114.

102. La Mère, l'Enfant et les Sarigues, p. 114.

103. Le Cheval d'Espagne, p. 114.

104. L'Amour et sa Mère, p. 115.

INDEX DES FIGURES

ICONOGRAPHIE ORIENTALE.

Art chaldéen et assyrien. 5
  Figures 1-3.

Art égyptien. 9
  Figure 4.

Art phénicien. 13
  Figures 5-6.

ICONOGRAPHIE GRECQUE ET ROMAINE.

Vases peints, lampes, fresques, mosaïques, bronzes,
  pierres gravées, monnaies. 17
  Figures 7-15.

ICONOGRAPHIE DU MOYEN-AGE.

Miniatures, monuments figurés. 23
  Figures 16-17.

ICONOGRAPHIE DE LA RENAISSANCE.

Les emblèmes d'Alciat. 28
  Figure 18.

226   INDEX DES FIGURES

Les Fables de Corrozet.   29
 Figure 19.
Les Dessins de Jean Cousin. 31
 Figure 20.
Les Fables de Faerne.   33
 Figure 21.
Les Fables de Verdizotti.   35
 Figure 22.
Les Fables de Sadeler.   37
 Figures 23-24.
Les Fables de Baudoin.   39
 Figures 25-26.
Le Labyrinthe de Versailles. 41
 Figures 27-28.

Les Fables de La Fontaine.

Chauveau.   47
 Figures 29-39.
Oudry et Cochin.   73
 Figures 40-53.
Fessard   77
 Figure 54.
Vivier, Simon et Coiny.   79
 Figures 55-77.
Percier   83
 Figures 78-79.
Moreau   85
 Figures 80-82.

Les Illustrations contemporaines :

Carle Vernet et Horace Vernet	87
Grandville.	87
Tony Johannot.	88
Gustave Doré	88
Delierre	89
Peinture	91
Figure 83.	
Sculpture.	95

Les Fables de la Motte.

Gillot, Coypel, Ranc	99
Figures 84-90.	

Les Fables de Dorat.

Marillier	105
Figures 91-96.	
Eisen	108
Figures 97-99.	
L'art dans les Fables au dix-huitième siècle. . . .	109

Les Fables de Florian.

Villers.	113
Figure 100.	
Flouest	114
Figures 101-102.	
Quéverdo	114
Figure 103.	

Moreau 115
Figure 104.
Peintuie et Sculptuie 116

Album des Figures.

Plan de l'Album 119

Nous avons cité dans l'*Iconographie* notre traduction de BABRIOS. Nous en donnons ici le titre complet

LES FABLES ÉSOPIQUES

DE

BABRIOS

TRADUITES EN TOTALITÉ POUR LA PREMIÈRE FOIS

Comparées aux fables d'Horace et de Phèdre, de Corrozet et de La Fontaine

Avec une étude sur leurs origines et leur iconographie

PAR

EUGÈNE LÉVÊQUE

Ouvrage contenant **21** figures hors texte

GRAVÉES PAR BOUSSOD ET VALADON

BELIN FRÈRES, RUE DE VAUGIRARD, N° 52

Paris, imprimerie D. Jouaust, L. Cerf successeur, rue de Médicis, 13.